REVUE

DES

SCIENCES PHILOSOPHIQUES

ET

THÉOLOGIQUES

———

TOME 90

———

PARIS

LIBRAIRIE PHILOSOPHIQUE J. VRIN

6, Place de la Sorbonne, Vᵉ

—

2006

Rev. Sc. ph. th. 90 (2006) 3-5

« L'HOMME ET LA RÉFLEXION » : PRÉSENTATION

par André STANGUENNEC*

L'affirmation que « l'essence de la substance spirituelle » (vocabulaire de Descartes) ou encore que « l'être de l'étant humain » (vocabulaire de Heidegger) ou, pour le dire plus simplement, que « le propre de la pensée humaine » est la réflexion, est une des constantes de la pensée philosophique. Depuis l'antique précepte de Delphes, « connais-toi toi-même », jusqu'à la réduction transcendantale husserlienne et l'expérience intérieure de la liberté selon J. Nabert, en passant par l' *épochè* sceptique et stoïcienne, le *cogito* cartésien et le *Ich denke* de Kant, la réflexion en soi et sur soi de l'homme est donnée comme un des invariants de l'anthropologie philosophique, à ce point que, pour nombre de philosophes, l'expression « l'homme *et* la réflexion », formulant un problème, pourrait être convertie en « l'homme *est* la réflexion » formulant la solution de ce même problème.

Une telle réflexion a toujours cherché l'*origine* de sa possibilité dans deux directions contraires, parfois d'ailleurs affirmées comme réellement complémentaires.

Tantôt cette réflexion humaine cherchait son *fondement* dans la lumière de « l'Idée du Bien » ou d'un Dieu « créateur des vérités éternelles », ou, aussi bien, dans le *Deus sive natura*, comme enfin dans la vie de « l'Idée absolue ». Le rapport à soi et le retour sur soi de la pensée finie, actes dans lesquels se concentre la réflexion, trouvaient ainsi leur raison d'être et d'être connus dans un principe métaphysique de nature théologique.

Tantôt la réflexion humaine cherchait sa *genèse* dans la voie d'une philosophie des sciences de la nature ou ses prémices réflexives dans les sciences de l'homme. Ainsi Hume, en envisageant l'origine de la « nature humaine » d'abord dans les « impressions de sensation », puis dans les « impressions de réflexion » menant des images aux idées, engagea la philosophie dans la voie d'une critique anthropologique de la métaphysique. Et quand Nietzsche fit de « l'intériorisation de l'homme »

* Professeur à l'Université de Nantes, Président de la Société Nantaise de Philosophie, Président du trentième Congrès de l'ASPLF

(*Généalogie de la morale*) une maladie générale due à l'affaiblissement de l'instinct, aggravée par la maladie particulière de « la mauvaise conscience », sans doute allait-il encore plus loin dans la volonté de démystifier toute « fondation » métaphysique de la réflexion. Enfin, lorsque la philosophie concluait à l'échec de ces deux voies ou de ces deux modes hypothétiques de dérivation, la réflexion humaine assumait alors philosophiquement sa pure facticité, fût-elle transcendantale.

Mais l'enjeu philosophique de cette formule, « l'homme et la réflexion », ne relève pas seulement d'un intérêt théorique pour une problématique théologique, cosmologique et égologique de caractère tantôt spéculatif tantôt épistémologique. C'est bien aussi, prioritairement peut-être, de philosophie pratique qu'il s'agit ici.

D'abord, l'on remarquera que le « principe de la réflexion » s'énonce le plus souvent à l'impératif : « connais-toi toi-même ! », « rentre en toi-même, mon jeune ami ! » (Rousseau, dans *L'Émile*), « homme, ose penser par toi-même ! » (*Les Lumières*).

Ces formules impératives envisagent d'emblée la réflexion comme une *pratique*. La pratique de la réflexion serait même une *praxis* au sens d'Aristote, puisqu'il s'agit d'une action de *soi* qui, par essence, s'opère *sur soi*.

Ensuite, cette pratique de la réflexion doit s'exercer non seulement comme une auto-réflexion intérieure mais encore comme un retour à soi de l'homme à partir de ses *œuvres*, de ce que Hegel nommait l'esprit objectif, « ce Moi qui est un Nous, ce Nous qui est un Moi », ou ce qu'E. Cassirer nommait la « culture », en tant qu'ensemble de « formes symboliques ». La réflexion n'est plus ici la constitution d'une égologie, au mieux provisoirement solitaire, au pire définitivement solipsiste, mais la recherche d'un « être-auprès-de-soi » de l'homme dans une objectivité produite en commun, voire communautaire, même si provisoirement aliénée.

Enfin, cette pratique de la réflexion s'impose non seulement *à partir des œuvres de l'homme*, mais *dans les actions* proprement humaines qui constituent le tissu de la morale, du droit, de la politique. Selon Kant, agir par respect pour la forme de la loi implique un véritable travail réflexif du sujet sur ses maximes pratiques personnelles en vue de leur universalisation. Et d'après Hegel, la volonté juridique qui objective le désir phénoménologique de reconnaissance, c'est-à-dire de réflexion mutuelle des libertés, opère à un second niveau de réflexion, celui des différents pouvoirs de l'État. L'on sait enfin que Habermas et Apel se sont saisis du thème des présupposés de toute argumentation préalable à la décision politique, pour le réinvestir en termes de pragmatique transcendantale, c'est-à-dire d'une philosophie de la réflexion sur les conditions intersubjectives *a priori* de l'argumentation rationnelle, tant dans le domaine théorique que dans le domaine pratique.

En définitive, quel que soit le domaine, théorique ou pratique, esthétique ou technique, où la philosophie problématise le concept de réflexion, celui-ci renvoie à un mode du penser spécifiquement humain, que les philosophes, certes, ont défini de différentes manières, qu'ils ont justifié ou critiqué de façons diverses, mais ont toujours considéré avec un intérêt particulier. Et que des philosophes « réfléchissent » en commun sur « l'homme et la réflexion », sans doute faut-il voir là un redou-

blement réflexif particulièrement bienvenu, à une époque où le déficit
de réflexion fait l'objet d'un constat et d'un regret unanimes, déficit que
notre Congrès s'est efforcé de réduire dans les limites et avec les méthodes propres de la philosophie.

Que soient ici remerciés tout particulièrement N. Robinet,
J. Gaubert, P. Billouet, S. Vendé, pour le soin qu'ils ont mis à enregistrer
et rassembler, corriger et mettre au point les différentes contributions
présentes dans ce volume.

Rev. Sc. ph. th. 90 (2006) 7-22

LA RÉFLEXION
À L'ÉPOQUE MODERNE :
PORTÉE ET LIMITE

par Ingeborg SCHÜSSLER*

Commençons par nous demander ce qu'il convient d'entendre, à proprement parler, par le terme « réflexion ». Comme on le sait, le terme provient du domaine de *l'optique*[1] : un rayon se dirige sur une surface lisse et se trouve « reflété » à partir de celle-ci de telle sorte qu'il retourne dans la direction inverse. Le terme fut transféré au domaine de la pensée, la pensée accomplissant un pareil mouvement de *retour sur soi* — qui est précisément la « réflexion ». La question est toutefois de savoir quel est le statut qui revient à cette « réflexion » par rapport à la pensée. Est-elle *accessoire ou essentielle* pour elle ?

En vue d'en décider, demandons-nous d'abord pourquoi nous exigeons aujourd'hui la réflexion. C'est surtout pour deux raisons : d'une part parce qu'elle nous permet de *connaître ce qui est* sur le mode de la *certitude*, et d'autre part parce qu'elle nous rend *libres*. *La certitude et la liberté* sont des notions que nous lions essentiellement à la réflexion. Quel est donc le statut qui revient à *cette* réflexion par rapport à la pensée ? Est-elle *essentielle* ou *accessoire* pour elle ? Le phénomène de la réflexion, entendue comme retour de l'esprit sur lui-même, est connu à partir de l'Antiquité grecque. Mais on a alors relevé que l'esprit a pour trait primordial de s'orienter tout d'abord sur la *chose* qu'il s'agit de connaître. Selon Aristote, le savoir est essentiellement savoir *de* quelque chose (τινός)[2]. Et Husserl n'a cessé de relever que la conscience est « intentionelle »[3]. Husserl reprend ici le concept d'*intentio* de la scolas-

---

* Université de Lausanne
1. Cf. l'article *Reflexion* dans : *Historisches Wörterbuch der Philosophie*. Herausgegeben von J. RITTER & K. GRÜNDER, Band 8, Schwabe & Co, Basel 1992, pp. 396-405.
2. *Catégories*, cap. 7 ; 6b2-6. Le savoir appartient, selon Aristote, à la catégorie de la relation : il est de l'ordre du πρός τι, soit *rapport* à quelque chose.
3. Concernant l'« intentionnalité » en tant que trait fondamental de la conscience chez Husserl, ainsi que l'histoire de ce concept, cf. la présentation succincte qu'en donne Martin Heidegger dans : *Prolegomena zur Geschichte des Zeitbegriffs*, Marburger

tique médiévale, qui veut dire que l'esprit a pour mouvement primordial de se diriger sur la *chose* : l'« *intentio recta* » est son premier acte. Pour autant que l'esprit fasse de surcroît un retour sur cet acte lui-même, cette « *intentio obliqua* » n'est qu'un acte second *contingent* par rapport au premier. Mais si l'on lie aujourd'hui intimement à la « réflexion » la certitude et la liberté, cette réflexion *ne saurait être contingente*. Elle doit bien plutôt être essentielle à la pensée et constituer son essence même. Notre thèse est la suivante : la réflexion est *la forme essentielle de la pensée moderne, et c'est en tant que telle qu'elle constitue le fondement de notre monde actuel*[4]. C'est là ce en quoi réside *sa portée*. Reste à savoir si cette portée constitue à la fois *sa limite*.

Pour élucider cette thèse, nous nous proposons de rappeler quelques positions fondamentales de la philosophie moderne. Nous les présenterons ici dans un ordre qui n'est pas historique, mais plutôt systématique, au sens où elles sont constitutives du *développement essentiel* de la réflexion aux temps modernes. Ces positions sont celles de Descartes, de Hegel, de Kant et de Marx.

1) Selon notre thèse, la réflexion est la *forme essentielle* de la pensée moderne. C'est *Descartes* qui l'a instituée en tant que telle. Quelle en était la motivation ? Après l'écroulement des certitudes de la foi, fondées dans les dogmes de la théologie chrétienne, vers la fin du Moyen-Âge, il s'agissait d'établir, au moyen d'un doute méthodique radical, un *fundamentum inconcussum*, un fondement inébranlable par le doute, indubitablement certain, un fondement, donc, dont *l'existence* ne pourra pas être remise en doute. Or, ce fondement réside dans *l'ego dubito* ou *l'ego cogito*[5]. Car s'il m'est possible de douter de l'existence de tous les *objets* de ma conscience — ceux-ci pouvant aussi être de simples représentations de ma conscience —, je *ne peux* douter du fait que j'existe quand je suis en train de douter. Si j'en doutais, si donc, dans un *mouvement de retour ou de réflexion* sur l'acte de mon propre doute, je doutais de l'existence de moi-même en tant que celui qui doute, alors *l'existence de ma conscience en train de douter* réfuterait elle-même mon doute au sujet de l'existence de moi-même comme de celui qui doute. Or, l'acte de douter n'étant qu'un *mode* de la conscience comme telle, cela veut dire, dans un sens fondamental, que, dans la réflexion sur moi-même, en tant que celui qui est *conscient* de quelque chose, je suis indubitablement certain que j'existe : *cogito, sum*. La pensée, dans la réflexion sur elle-même, comporte en elle-même la certitude de son existence, dans *une évidence immédiate*. C'est pourquoi la réflexion est dès lors *l'essence même* de la pensée. Car il s'agit d'obtenir la certitude quant à l'être, autrement dit quant à l'existence, qui ne réside originellement

Vorlesung Sommersemester 1925; herausgegeben von Petra Jaeger, Martin HEIDEGGER Gesamtausgabe, II. Abteilung, Band 20, Klostermann, Franfurt a. M. 1979, en part. pp. 21-40.

4. Karl-Heinz VOLKMANN-SCHLUCK (1914-1981) a présenté cette thèse dans le cadre d'un cours magistral intitulé *Reflexion und Denken (Réflexion et pensée)* qu'il a donné au semestre d'été 1970 à l'Université de Cologne. Nous devons les bases de notre développement à ce cours (auquel nous avons assisté en tant qu'« assistante scientifique » à la Section de philosophie de l'Université de Cologne).

5. Cf. pour ce qui suit, *Méditation* II, alinéas 1-10, et *Méditation* III, alinéa 4.

que dans la pensée déterminée par la réflexion. La « pensée réflexive » étant ainsi le siège originel de la *certitude quant à l'être*, elle est bien, dès lors, le « sujet » de toute connaissance d'une chose comme « étant » : une chose ne sera certaine en son être que dans la mesure où elle est rendue certaine *comme étant* par et pour le sujet. Ainsi l'étant devient-il *l'ob-jet (Gegen-stand)* pour le sujet réflexif qui, le rapportant réflexivement à soi, en assure l'être. Maintenant, comment ce sujet procède-t-il pour faire de l'étant son objet certain ? Rappelons-ici brièvement les *Regulæ ad directionem ingenii* ainsi que les *Méditations*. Vu que le sujet réflexif est la première chose à être certaine, il puise *en* lui-même, par la *réflexion* sur soi, les règles garantissant la certitude de l'objet, voire d'abord l'idée même de *ce qui est en vérité* : n'est « vrai que ce qui est certain et évident » *(verum = certum et evidens)*[6]. La mesure de cette évidence ou clarté est celle qui est propre au sujet réflexif lui-même : tout ce qui est aussi « clair et distinct » que le *cogito sum*, est vrai, c'est-à-dire *est, existe (clare et distincte perceptum verum est)*[7]. C'est à partir de cette règle fondamentale que le sujet réflexif — toujours « réfléchissant » sur soi — déduit alors les autres règles. L'objet n'est évident ou clair pour le sujet connaissant qu'en tant qu'il est un *perfecte cognitum*[8], de sorte qu'aucune de ses déterminations ne demeure obscure pour ledit sujet. Pour rendre cela possible, il faut que l'étant soit préalablement *conformé* aux modes de connaître, propres au sujet humain, qui garantissent cette entière clarté. Ces modes n'étant que l'*intuitus* et la *deductio*[9], il faut que l'étant soit réduit, par un procédé analytique, jusqu'à ses éléments les plus simples pour être alors reconstruit par un procédé synthétique[10]. L'étant se trouve ainsi aboli dans sa substantialité et ses propriétés naturelles[11], pour être rendu « disponible »[12] en tant qu'objet certain possible pour la saisie par le sujet réflexif. L'ensemble de toutes ces règles (et bien d'autres encore) constitue la *méthode de la recherche scientifique*. Le sujet réflexif puise donc en lui-même cette méthode : il se la donne lui-même comme méthode de sa recherche. C'est cette *« auto-législation » ou « auto-nomie » méthodologique* qui annonce, chez Descartes déjà, l'essence de la liberté moderne siégeant

---

6. Cette définition de la vérité se dégage de la définition de la « science » telle que Descartes la donne dans les *Regulæ ad directionem ingenii*, Regula II, 3 : *Scientia est cognitio certa et evidens*. « La science est une connaissance certaine et évidente. » Toute connaissance étant connaissance *vraie* ou connaissance du *vrai*, le vrai est alors *ce qui est « certain et évident »*. Quant au concept de « vérité » chez Descartes, cf. notre article *Wahrheit/Wahrhaftigkeit*, dans la *Theologische Realenzyklopädie*, Band XXXV, 3/4, Walter de Gruyter, Berlin-New-York, pp. 347-363; en part. pp. 356-357. Quant au procédé suivant lequel le sujet puise les « règles » en lui-même, cf. notre article « L'émancipation des sciences selon les *Regulæ* de Descartes », dans : *Freiburger Zeitschrift für Philosophie und Theologie*. Freiburg/Schweiz. Bd. 33, 1986, Heft 3, pp. 553-569.

7. *Méd.* III, 2ème alinéa : [...] illud omne [est] verum quod [...] clare et *distincte percipio*. Cf. *Med.* V, 15.

8. *Regulæ ad directionem ingenii*, Regula II, 13.

9. *Op. cit.*, Regula III, alinéas 4-9.

10. *Op. cit.*, Regula V.

11. *Op. cit.*, Regula VI, alinéa 1 et 2.

12. Cf. *op. cit.*, Regula V : *dispositio*, et *Regula* VI, alinéa 1, 4 : *disponi*.

originellement dans la réflexion (tout comme d'ailleurs, selon les *Méditations*, le sujet con-scient ou la con-science, n'*est* tout ce qu'il est que dans la mesure où il se l'attribue lui-même, en en prenant conscience)[13]. Or, ladite méthode, puisée non pas dans l'essence propre de l'étant, mais dans le sujet certain de soi comme tel, est alors *universelle*. Elle est *mathesis universalis a priori* dont les mathématiques modernes sont l'exposant éminent[14]. C'est cette méthode mathématique universelle que le sujet réflexif, certain de soi, doit alors déployer dans la totalité de ce qui est, afin que celle-ci devienne un objet certain, — déploiement qu'accomplissent en fait les sciences par une *spécialisation* progressive de leur recherche; car les domaines spécifiques de l'étant comme objet certain se révèlent en leur *spécificité* précisément par le procédé même du déploiement de la méthode universelle. Le déploiement de la méthode universelle se trouve donc réalisée par la recherche des sciences *spécialisées*. Cette recherche spécialisée, quant à elle, sera alors affaire non pas d'individus, mais des *communautés scientifiques* respectives, puisqu'elle a son fondement dans la *mathesis universalis,* modifiée seulement selon la spécialisation de la science respective. Ces communautés scientifiques entreront en relation et formeront *la* communauté scientifique, car elles suivent *toutes*, en leur spécialisation, *LA méthode*. Ainsi le sujet réflexif s'annonce-t-il, chez Descartes, comme le fondement du monde actuel.

Mais chez lui, ce même sujet réflexif manque d'indépendance ontologique. Encore tributaire de la scholastique médiévale, Descartes conçoit — on le sait — la *cogitatio* comme l'attribut d'une substance, la *substantia cogitans*, tout comme il pense l'*extensio*, comme l'attribut de la *substantia extensa*.

Ce n'est qu'au stade de *l'accomplissement* du développement de la réflexion moderne dans la philosophie hégélienne de l'esprit absolu que la réflexion se trouve définitivement libérée de sa dépendance à l'égard de la substance, en quoi elle devient elle-même *absolue*.

13. Cf. *Méd.* II, alinéa 9. Quand je vois, entends, sens... quelque chose, je suis certain non pas d'accomplir effectivement ces actes (ces actes pouvant être aussi quelque chose de purement représenté, comme dans le rêve), mais seulement d'être *conscient* de voir, d'entendre [...] . Or je ne puis être *conscient* de voir [...] que dans la mesure où je détermine moi-même ma conscience par l'acte de voir [...], où, autrement dit, ma conscience s'attribue elle-même l'acte de voir comme détermination sienne. Car la con-science (dans le *rapport à soi* qui lui est essentiel) n'est ce qu'elle est qu'en tant qu'elle l'est *pour elle-même*. C'est surtout J.-G. Fichte qui a relevé que le « moi » n'*est* que ce comme quoi il se pose lui-même *(als was es sich setzt)*. Cf. par exemple *Grundlage der gesamten Wissenschaftslehre* (1794), § 1, 9, et *Grundlage des Naturrechts* (1796), Einleitung, I, 1.

14. Selon Descartes, les mathématiques anciennes (l'arithmétique et la géométrie euclidienne) l'emportent déjà, quant à la certitude et l'évidence, par rapport aux autres sciences (*Regula* II, alinéas 4 et 5). Car leurs objets, soit les monades et les points, relevant de l'*abstraction* des déterminations empiriques, ils sont *les plus simples* et, à ce titre, les plus évidents. Vu la simplicité de leurs objets, les mathématiques permettent — bien davantage que les autres sciences — de faire ressortir, par rapport à leurs objets, les *opérations* de l'esprit nécessaires pour atteindre la connaissance certaine et évidente. Les mathématiques *modernes* (comme l'algèbre et la géométrie analytique), essentiellement d'ordre *opérationnel* (ou de l'ordre de l'*ars inveniendi*), s'avèrent ainsi être l'exposant éminent de la « méthode ».

2) Hegel l'annonce en quelque sorte déjà dans la phrase programmatique de la *Préface de la Phénoménologie* :

> Es kommt nach meiner Einsicht [...] alles darauf an, das Wahre nicht als *Substanz*, sondern ebensosehr als *Subjekt* aufzufassen [...]
>
> Selon la compréhension que j'ai acquise [...], tout dépend de ceci : concevoir le vrai non pas comme *substance*, mais tout aussi bien comme *sujet* [...] [15].

Hegel présente le mouvement propre de la *réflexion absolue* dans la *Grande Logique*, sous le titre *Das Wesen als Reflexion in ihm selbst / L'essence comme réflexion dans elle-même* [16]. L'essence dont il est question ici est d'emblée *absolue* : il s'agit de la seule et unique essence de la totalité de ce qui est. Et c'est cette essence ou substance absolue — et avec elle bien sûr toute essence ou substance en général — qui se trouve entièrement située dans la réflexion. L'essence, l'οὐσία, n'est alors plus un ὑποκείμενον qui repose en soi et qui est par nature, mais elle a pour lieu exclusif de son être et de son développement l'activité de la réflexion. Par là, la réflexion devient elle-même *absolue*. — Limitons-nous aux étapes principales du développement. L'essence, explique Hegel, n'est jamais donnée de manière immédiate, à l'instar du simple être. Elle est bien plutôt quelque chose qui se trouve, pour ainsi dire, « derrière » le plan de l'être ou plutôt à *l'intérieur* de celui-ci : elle est l'essence « interne » de la multiplicité de l'être donné immédiatement en ses déterminations différentes [17]. Si par exemple – selon la *Logique* de Kant – les divers arbres singuliers, en leurs différentes déterminations (« le pin, le saule, le tilleul ») [18], sont bien des phénomènes donnés im-

---

15. G. W. F. HEGEL : *Phänomenologie des Geistes* (1807), nach dem Text der Originalausgabe herausgegeben von Johannes Hoffmeister. Philosophische Bibliothek Band 114, Felix Meiner, Hamburg, 6. Auflage, 1952, p. 19 / *La phénoménologie de l'esprit*. Traduction de Jean Hyppolite, Aubier, Paris, 1941, tome I, p. 17 (traduction modifiée par nous).

16. G. W. F. HEGEL : *Wissenschaft der Logik* (1812 sqq). Herausgegeben von Georg Lasson, Philosophische Bibliothek, Band 56 und Band 57, Felix Meiner, Hamburg 1967 (unveränderter Abdruck der Auflage von 1934). Erster Band : Die objektive Logik. Zweites Buch : Die Lehre vom Wesen. Philosophische Bibliothek, Band 57, p. 3 sqq. Erster Abschnitt : Das Wesen als Reflexion in ihm selbst, p. 7 sqq. / *Science de la logique*. Trois tomes. Traduction, présentation, notes par P.-J. Labarrière et G. Jarczyk. Bibliothèque philosophique, Aubier Montaigne, Paris, 1972-1982. Premier tome — Deuxième livre : La Doctrine de l'essence. Bibliothèque philosophique, 1976, p. 3 sqq.. Première section : L'essence comme réflexion dans elle-même, p. 7 sqq.

17. Pour ces déterminations cf. *op. cit.* p. 3 / p. 1.

18. Immanuel KANT. *Werke in zehn Bänden*. Herausgegeben von W. Weischedel, Band 5, Wissenschaftliche Buchgesellschaft Darmstadt 1968. Band 5 : *Schriften zur Metaphysik und Logik. Kants Logik, ein Handbuch zu Vorlesungen*. Königsberg 1800, herausgegeben von G. B. Jäsche; pp. 417 sqq.. Kant précise l'acte de former, à partir des phénomènes sensibles, des concepts généraux au § 6. intitulé : *Logische Aktus der Komparation, Reflexion und Abstraktion*, pp. 524 sqq.. / *Actes logiques de la comparaison, de la réflexion et de l'abstraction*. On trouve une *note* sur la *Logique* de Kant ainsi que la *traduction* de quelques extraits dans : Emmanuel KANT : *Œuvres philosophiques III. Les derniers écrits*. NRF, Gallimard 1986 (pp. 1295 sqq.). On y trouve également une traduction du § 6 (p. 1298). Selon Kant, l'acte de former un concept implique trois actes différents : 1) la comparaison, 2) la réflexion et 3) l'abstraction. L'acte le plus essentiel est celui de la réflexion. Kant définit la réflexion comme suit : « [Sie

médiatement dans l'intuition sensible, leur essence commune est loin d'apparaître immédiatement; elle se trouve, selon Hegel, « derrière » ces phénomènes; elle est ce qu'ils ont d'intime *(das Innere)*. C'est pourquoi elle ne se fait jour que dans la mesure où ce même être accomplit *lui-même* (selon la dimension de la pensée absolue) un *mouvement d'intériorisation*[19], qui est précisément celui de la réflexion, celle-ci étant le retour sur ou dans soi. Cette réflexion opère alors la « relève *(Aufhebung)* »[20] de l'être, en le faisant passer au niveau de *l'essence*. De sorte que l'essence n'est alors présente comme telle que grâce au mouvement de la réflexion et *dans* celle-ci. Loin donc d'exister au titre d'une substance naturelle, l'essence, selon Hegel, a bien plutôt pour lieu exclusif de son être l'activité de la réflexion. La réflexion est ainsi en fait *absolue*.

Cette réflexion absolue parcourt un processus au cours duquel elle apparaît sous trois formes différentes :

a) Si elle a relevé le simple être au niveau de l'essence, elle doit tout de même d'abord le *poser* : elle doit se le « *présupposer (voraussetzen)* »[21] pour *pouvoir* le relever. La première forme de la réflexion est ainsi la « réflexion posante *(setzende Reflexion)* »[22]. Selon celle-ci, il n'existe pas, à vrai dire, une immédiateté naturelle de l'être, — «l'immédiat» n'étant que le concept corrélatif du « médiat » de sorte que le prétendu immédiat n'est posé qu'à partir de celui-ci. L'immédiat comme tel se révèle ainsi être de la pure « apparence *(Schein)* »[23]. La réflexion se présuppose, certes, l'immédiat, mais en le réduisant aussitôt à la pure apparence et en l'*anéantissant* ainsi comme être véritable. L'immédiat, le naturel, n'est, pour cette réflexion, que du « néant *(Nichts)* »[24]. C'est là que réside la dynamique *libératrice*, révolutionnaire, de la réflexion moderne.

b) La « réflexion posante » souffre pourtant d'un manque : elle ne laisse pas *libre* l'immédiat comme tel, de sorte que celui-ci n'est à vrai dire pas présent comme ce qui est simplement là et existe

ist] die Überlegung, wie verschiedene Vorstellungen in Einem Bewusstsein begriffen werden können. » (p. 524) / « [Elle est] la réflexion sur la manière dont diverses représentations peuvent être comprises dans *Une* conscience » (p. 1298; trad. mod.). La réflexion porte donc, certes, *sur* le divers, mais de telle sorte qu'elle le ramène à *l'unité de la conscience.*

19. G. W. F. HEGEL : *Wissenschaft der Logik.* Philosophische Bibliothek Band 57, p. 3 / *Science de la Logique.* Premier tome. Deuxième livre, p. 2.

20. *Op. cit.,* p. 4 / p. 4. Nous traduisons « *aufheben* » par « relever ». P.-J. Labarrière et G. Jarczyk le traduisent par « sursumer ».

21. *Op. cit.* p. 15 / p. 21. « [...] die Reflexion in sich ist wesentlich das Voraussetzen dessen, aus dem sie die Rückkehr ist. » (p. 16) / « [...] la réflexion dans soi est essentiellement le présupposer de ce à partir de quoi elle est le retour. » (p. 22).

22. *Op. cit.* p. 14 / p. 19.

23. « Die Unmittelbarkeit kommt überhaupt nur als Rückkehr hervor und ist dasjenige Negative, welches der Schein des Anfangs ist, der durch die Rückkehr negiert wird. » (p. 15) / « L'immédiateté ne vient au jour, somme toute, que comme retour, et est ce négatif qu'est l'apparence du commencement, [apparence] qui se trouve niée par le retour. » (p. 21 sq., trad. mod.). Cf. aussi p. 13 / p. 17.

24. Cf. p. 13 / p. 17.

« réellement ». Mais l'immédiat doit bien être présent de cette manière pour que la réflexion puisse commencer son mouvement dans lui, « prendre son élan » à partir de lui *(sich [von ihm] abstossen)* tout en le rejetant d'elle *(es [von ihr] abstossen)*[25]. Elle doit donc poser l'immédiat de telle manière que, dans l'acte même de le poser, elle *nie* à la fois cet acte comme tel[26]. L'immédiat se présente alors à la réflexion comme étant « *quelque chose d'autre* » qu'elle, tout comme la réflexion apparaît alors à elle-même comme étant quelque chose d'autre par rapport à l'immédiat. Les deux termes se trouvent donc dans un rapport d'extériorité. La réflexion a alors pour forme d'être la « *réflexion extérieure (äussere Reflexion)* »[27] qui se trouve *en dehors* du « *réel (das Reale)* »[28]. Mais cette réflexion souffre également d'un manque : demeurant extérieure à la réalité, elle peut toujours penser l'essentiel, elle ne change rien à cette réalité.

c) Seule *l'union* desdites deux formes de la réflexion pourra donc constituer finalement l'essence plénière et authentique de la réflexion. Selon cette union, la réflexion, opérant à l'instar de la « réflexion posante », relève *(hebt auf)*, certes, l'immédiat, sans pour autant le réduire à la pure apparence et au néant. Au contraire, opérant maintenant en même temps comme la « réflexion extérieure », elle le laisse libre en lui accordant cette fois son existence véritable, durable *(Bestehen)*. Elle le fait en le relevant au niveau de son essence et en le *déterminant* par celle-ci. Ce n'est que cette « *réflexion déterminante (bestimmende Reflexion)* »[29] qui est la *forme accomplie* de la réflexion. La réflexion dé-

---

25. Hegel présente l'acte, propre à la réflexion, de prendre son élan *(sich abstossen von [...])* à partir de l'immédiat et de le rejeter d'elle *(es von sich abstossen)* déjà dans le cadre de la « réflexion posante », en guise de transition à la 2ème forme de la réflexion, la « réflexion extérieure *(äussere Reflexion)* » (p. 15 sq. / p. 22 sq.). P.-J. Labarrière et G. Jarczyk traduisent « *abstossen* » par « repousser » (qui ne rend pourtant que le mouvement négatif de *rejeter* ce à partir de quoi la réflexion prend son élan).

26. « Die Reflexion hebt unmittelbar in ihrem Setzen das Setzen auf, so hat sie eine *unmittelbare Voraussetzung.* Sie *findet* also dasselbe [i. e. das Vorausgesetzte] vor als ein solches, von dem sie anfängt [...] » (p. 17) / « La réflexion, dans son poser, supprime. immédiatement son poser, ainsi a-t-elle une présupposition *immédiate.* Elle *trouve* donc déjà là cela même [i.e. le présupposé] comme un terme tel que de lui elle commence [...] » (p. 24; trad. mod.).

27. « [...] indem sie [=die Reflexion] [...] von dem Unmittelbaren als ihrem Andern anfängt, [ist sie] äussere Reflexion. » (p. 16) / « [...] en tant [...] qu'elle commence à partir de l'immédiat comme de son autre, elle est *réflexion extérieure.* » (p. 23).

28. P. 17 / p. 24.

29. « Die bestimmende Reflexion ist [...] die Einheit der *setzenden* und der *äusseren* Reflexion. [...] Die äussere Reflexion fängt vom unmittelbaren Sein an, die *setzende* vom Nichts. Die äussere Reflexion, die bestimmende wird, setzt ein anderes, aber das Wesen, an die Stelle des aufgehobnen Seins. » (p. 20) / « La réflexion déterminante est [...] l'unité de la réflexion *posante* et de la réflexion *extérieure.* [...] La réflexion extérieure commence à partir de l'être immédiat, la [réflexion] *posante* à partir du néant. La réflexion extérieure qui devient déterminante pose un autre, mais [qui est] l'essence, à la place de l'être supprimé [...] » (p. 29). « [...] die Reflexionsbestimmung ist [...] *wesentliche*, nicht übergehende Bestimmtheit. [Sie gibt dem Negativen ein] Bestehen. » (p. 21) / « [...] la détermination-de-réflexion [...] est

terminante accordant à la réalité immédiate par la relève déterminante son existence essentielle, elle *l'embrasse,* de telle sorte qu'elle est alors la réflexion absolue au sens propre.Ainsi la totalité de ce qui est n'est-elle véritablement que grâce à la réflexion. C'est seulement par elle qu'elle a *son être véritable.* Si la fondation cartésienne des sciences dans le *cogito sum* constitue le *début* du développement de la réflexion moderne, la réflexion absolue hégélienne en constitue bien *l'accomplissement.*

Toutefois,

3) Les sciences fondées par Descartes dans la réflexion sont primordialement les sciences d'ordre *mathématique;* car elles ont pour fondement la méthode *a priori* de la *mathesis universalis* dont l'exposant éminent sont les *mathématiques* modernes. Or, Kant fondera aussi les sciences *empiriques* dans la réflexion. Cette fondation est un complément indispensable. Car ce sont *les sciences* qui *accomplissent* le projet moderne de rendre présent l'étant comme *objet certain* devant et pour le sujet con-scient. Mais selon Kant, les sciences mathématiques ou la « physique mathématique » le rendent certain seulement en tant qu'objet, soit en son « essence » d'objet, en sa *Gegen-ständlichkeit,* en son « *objectivité* », qui est en fait d'ordre eidético-mathématique; ce ne sont que les sciences *empiriques, c'est-à-dire* les sciences qui ont à faire à l'empirique comme tel, qui le rendent certain aussi en tant qu'objet *effectif,* soit en son *effectivité (Wirklichkeit),* – celle-ci s'attestant seulement dans la « perception sensible *(Wahrnehmung)* » [30]. Kant présente la fondation des sciences empiriques dans l'*Introduction* de la *Critique de la faculté de juger.* Car c'est la « *faculté de juger réflechissante (reflektierende Urteilskraft)* », qui est la faculté de connaître proprement dite des sciences empiriques [31]. Qu'est donc cette faculté de juger réfléchissante? Selon Kant, la faculté de juger comme telle est « la faculté de penser le particulier comme contenu sous le général » [32]. Elle a deux

déterminité *essentielle,* ne passant pas. [Elle donne au négatif une] constance. » (p. 31; trad. mod.).

30. « [...] die Wahrnehmung [...] ist der einzige Charakter der Wirklichkeit. » / « [...] la perception [sensible] est le seul caractère de l'effectivité. » *Critique de la raison pure,* Les postulats de la pensée empirique en général, A 225/B 273 (nous traduisons).

31. Nous présentons ici cette fondation seulement dans quelques articulations essentielles, conformément à la perspective de notre thèse. Nous en avons donné une interprétation plus détaillée dans notre article intitulé « Philosophie et positivisme des sciences. L'émancipation des sciences empirico-analytiques selon la *Critique de la Faculté de juger* de Kant », dans : *La philosophie et les modes de la connaissance. Études des Lettres, Revue de la Faculté des Lettres.* Université de Lausanne. 1993, n° 1 (édité par R. Célis), pp. 17-37.

32. Immanuel KANT, *Kritik der Urteilskraft* (1790). Herausgegeben von K. Vorländer. Philosophische Bibliothek Band 39a, Felix Meiner, Hamburg, Unveränderter Neudruck 1963 der Ausgabe von 1924 / Emmanuel Kant, *Œuvres philosophiques II. Des Prolégomènes aux écrits de 1791.* Bibliothèque de la Pléiade. Editions Gallimard, 1985. *Critique de la faculté de juger* (traduction de Jean-René Ladmiral, Marc B. de Launay et Jean-Marie Vaysse). — « Urteilskraft überhaupt ist das Vermögen, das Besondere als enthalten unter dem Allgemeinen zu denken. » (Einleitung, IV., p. 15 [XXV]) / « La faculté de juger comme telle est la faculté de penser le particulier comme contenu sous le général. » (Introduction IV, p. 933 [V, 180]; trad. mod.).

formes : Quand le *général* – règle ou loi – est donné, elle est
« *déterminante (bestimmend)* » [33] : elle peut tout de suite déterminer le
particulier, reçu dans la perception sensible, par la règle générale. Mais
quand ce n'est que le particulier ou singulier qui est donné, elle est
« seulement réfléchissante *(nur reflektierend)* » [34] : elle doit d'abord
« *trouver (finden)* » [35] le général par la *réflexion*, au sens propre du terme.
Partant de la diversité du singulier et l'emmenant avec elle, elle opère
alors un *retour* sur elle-même, soit sur l'entendement, la faculté du général, ou le siège de celui-ci, la con-science en son unité et identité, tout
en « retournant » *(umwenden)* par là-même cette diversité vers et sur ce
qu'elle comporte d'un et d'identique, soit le *général.* Du fait que notre
entendement, en tant qu'entendement, dispose *a priori* des catégories et
lois transcendantales, absolument universelles, qui sont constitutives de
l'objectivité de tous les objets comme tels – par exemple de la loi de la
causalité efficiente – la faculté de juger procède à leur sujet en tant que
faculté de juger *déterminante* [36]. En revanche, quant aux formes particulières ou « spécifiques » de ces lois universelles – par exemple les lois
particulières de la causalité efficiente, chimiques, biologiques, etc. –, elle
ne peut procéder à leur égard que comme faculté de juger *réfléchis-*
sante [37]. Loin d'être déjà *contenues analytiquement,* s'agissant de *notre*
entendement fini, dans les lois transcendantales, universelles des objets
(comme elles le seraient chez un entendement *infini*) –, nous devons les
trouver en observant, par la *perception sensible,* la diversité des phénomènes donnés dans la nature. Les lois particulières de la causalité efficiente sont des *lois de la perception sensible,* mais *comme telles précisé-*
ment les lois de l'être effectif (des wirklichen Seins) des objets de la na-
ture, alors que l'être des mêmes objets, constitué par les seules lois
transcendantales de l'objectivité comme telle, risque toujours d'être, en
raison de son caractère eidético-mathématique, de l'ordre du pur
« idéalisme ». C'est pourquoi il faut que le sujet réflexif rende *certains*
les objets jusque dans leur *effectivité empirique.* Toutefois, les lois *empi-*
riques de l'effectivité, dans la mesure où elles relèvent de la perception
sensible, sont certes de l'ordre de faits *(Tatsachen),* mais par là-même —
des faits pouvant être ou non – *contingentes.* D'autre part, elles sont
bien des lois, et en ce sens elles prétendent à la *nécessité* [38] – qu'elles
doivent bien posséder pour être des lois *certaines.* Comment donc conférer à ces lois empiriques le caractère de la nécessité? Evidemment en
ramenant, par la faculté de juger réfléchissante, les lois empiriques
particulières à des lois plus hautes, plus générales, pour les *déduire* à
partir de celles-ci en toute nécessité. Mais ces lois supérieures sont,
elles aussi, d'ordre empirique, et elles requièrent à leur tour d'être ra-
menées à des lois plus hautes. C'est ainsi que les sciences empiriques se
voient donc obligées de monter à des lois toujours plus hautes. Toute-

33. *Ibid.*
34. *Ibid.*
35. *Ibid.*
36. *Op. cit.* p. 15 sq. [XXVI] / p. 933 sq. [V, 179].
37. *Ibid.* et sq.
38. Concernant cette tension entre la contingence et la nécessité, caractéristique
des lois empiriques, cf. *op. cit.*, p. 16 [XXIV] / p. 934 [V, 179 sq.].

fois, même si elles arrivaient à trouver, par leur recherche, soit par la faculté de juger réfléchissante, les lois les plus hautes, les plus générales, celles-ci demeureraient par principe toujours des lois empiriques, contingentes (parce qu'obtenues à partir de telles lois), et avec elles toutes les lois inférieures qui dépendent d'elles. Par conséquent, loin de pouvoir ici procéder seulement *a posteriori*, la faculté de juger réfléchissante doit bien plutôt conférer *a priori* la nécessité à la loi la plus haute. Autrement dit, elle doit considérer *a priori* le Tout des lois empiriques comme formant un système *nécessaire. Mais d'où prend-elle cette idée du système nécessaire des lois empiriques de la nature? Non pas* – Kant procède *par exclusion* – a priori des lois transcendantales universelles des objets comme tels, pensées par notre entendement, celles-ci ne comportant pas en elles les lois particulières (notre entendement étant fini); et pas non plus *a posteriori* de l'expérience de la nature sensible [39], celle-ci se présentant à nous comme champ d'une multitude infinie de formes et lois empiriques. La faculté de juger réfléchissante pourra donc puiser cette idée de système nécessaire des lois empiriques seulement dans *elle-même, en opérant une réflexion sur elle-*même. C'est pourquoi loin de donner cette idée de système comme loi *constitutive* à la nature, elle la donnera seulement à elle-même comme loi de sa propre *méthode* de *procéder* avec les lois particulières de la nature [40]. Elle considérera donc la nature seulement *comme si (als ob)* [41] elle était conforme à cette idée. L'idée de la nature comme système nécessaire n'est pas un « principe constitutif » de la nature, mais seulement un « principe régulateur » de la faculté de juger réfléchissante elle-même [42]. Elle se la donne uniquement, comme l'exprime Kant, par un acte de « héautonomie *(Heautonomie)* » [43] à elle-même comme loi de sa propre méthode. De même que chez Descartes, il s'agit donc ici d'une auto-législation purement *méthodologique du sujet réflexif* (à cette différence près qu'il y va de la méthode des sciences *empiriques).*

Mais si la faculté de juger se donne cette idée de système comme principe de son propre procédé concernant la nature, elle s'est toujours déjà proposée de rendre *conforme, autant que possible,* cette nature à ce principe, soit de *l'imposer* à celle-ci. Or, se proposer quelque chose pour l'imposer, c'est l'affaire de la *volonté. La faculté de juger réfléchissante se révèle ainsi comporter en elle une sorte de volonté.* Kant l'indique lui-même :

> [...] man will nur, dass man, die Natur mag [...] eingerichtet sein, wie sie wolle, durchaus nach jenem Prinzip [...] ihren empirischen Gesetzen nachspüren müsse [...].

39. *Ibid.*
40. Ce principe est à l'origine d'autres principes « méthodologiques », comme la *lex parsimoniæ* (la nature prend le chemin le plus court); la *lex continui in natura* (la nature ne fait pas de saut); *principia præter necessitatem non sunt multiplicanda* (qu'on vise en se réclamant de « l'économie de la pensée »). Cf. *op. cit.* Einleitung V, p. 19 [XXXI] / Introduction V, p. 937 [V, 182].
41. *Op. cit,* p. 17 [XXVIII] / p. 935 [V, 180].
42. Cf. à cet égard *op. cit.,* Einleitung V, p. 20 sq. [XXXIII sq.] / Introduction V, p. 938 [V, 183].
43. *Op. cit.,* Einleitung V, p. 22 [XXXVII] / Introduction V, p. 941 [V, 186].

[...] on *veut* seulement, la nature pouvant être organisée comme elle veut [...], avoir absolument à rechercher ses lois empiriques selon ce principe [...][44].

Toutefois – pour développer ce que cela signifie – la faculté de juger réfléchissante est d'abord la faculté d'une connaissance *théorique* de la nature. D'autre part, elle comporte en elle ladite *volonté* dans la mesure précisément où, *par la réflexion sur soi*, elle se donne elle-même la règle de son propre procédé face à la nature pour la rendre *certaine*. Ce qui laisse entendre – ne serait-ce qu'anticipativement – que c'est finalement le *sujet réflexif* lui-même qui comporte déjà *comme tel* cette même volonté, – la réflexion sur soi impliquant en effet la *con-centration énergique sur soi dans la saisie de soi* constitutive de la certitude de soi. La connaissance *théorique*, dans la mesure où elle relève de cet acte énergique de la réflexion sur soi, sera donc bien elle-même de l'ordre de la volonté, et ainsi, quant à son procédé face à la nature, une sorte de *praxis*. Elle doit en effet *traiter* la nature pour y faire ressortir, conformément à son principe méthodique d'un système nécessaire, les lois empiriques effectives respectives. Mais cette *praxis* du sujet *théorique* n'est pas identique à la *praxis* proprement dite, soit à *l'agir* du sujet *pratique* (raison théorique et raison pratique sont différentes!). D'un autre côté, la raison pratique, selon Kant, relève elle aussi de la *réflexion sur soi*. C'est par la *réflexion sur soi* qu'elle puise en elle-même la *loi morale de la liberté* pour la donner (dans un acte *d'auto-nomie constitutive*) à la volonté humaine (conditionnée par le sensible), tout en opérant alors dans celle-ci, en tant que *volonté* de la raison. Bien davantage : selon Kant, cette *volonté d'ordre pratico-morale* s'unira précisément avec la *volonté inhérente à la faculté de juger théorico-réfléchissante*[45]. En effet, la volonté morale, pour pouvoir être *effectivement réelle*, doit *agir* comme *volonté humaine dans le monde sensible* en se servant précisément des lois *empiriques* de la causalité efficiente, établies par la faculté de juger réfléchissante, et en les laissant agir, autant que possible, en conformité avec la loi morale de la liberté[46]. La volonté de la raison pratique mettra donc en *action* les lois empiriques effectives que la volonté de la faculté de juger théorético-réfléchissante a fait ressortir dans la nature par la *praxis* de la recherche méthodique des sciences empiriques. Les deux conduites se trouvent donc bien ici en rapport l'une avec l'autre. Qui plus est, elles coïncideront finalement dans une *seule et même con-*

44. *Op. cit.*, Einleitung V, p. 23 [XXXVII sq.] / Introduction V, p. 941 sq. [V, 186] (trad. mod.).
45. Kant présente cette union dans la section IX de l'Introduction de la *Critique de la faculté de juger* (*op. cit.*, Einleitung IX, p. 33 sq. [LIV] / Introduction IX, p. 953 sq. [V, 195 sq.]).
46. « Das Übersinnliche im Subjekte [i. e. der freie Wille unter Vernunftgesetzen] [...] [ist die] Ursache [...], die Kausalität der Naturdinge zu einer Wirkung, gemäss ihren eigenen Naturgesetzen, zugleich aber doch auch mit dem formalen Prinzip der Vernunftgesetze einhellig, zu bestimmen [...] » (*op. cit.* Einleitung, IX, p. 33 [LIV]) / « le suprasensible dans le sujet [i.e. la volonté libre sous des lois rationnelles] [...] est la cause [...] [susceptible] de déterminer la causalité des choses de la nature en vue d'un effet, conformément à leurs propres lois naturelles, mais en accord toutefois avec le principe formel des lois de la raison [...] » (Introduction IX, p. 953] [V, 195]; trad. mod.).

duite qui constitue leur *origine commune.* En effet, faire *ressortir (heraus-stellen)* dans la nature les lois empiriques effectives par une praxis mé-thodique relevant de la volonté – tout en la *traitant* alors aussi par des *appareils techniques* –, c'est *é-laborer (heraus-arbeiten) ces lois* dans la nature par l'activité du *travail (Arbeit).* C'est par ce travail, qui est ici d'abord d'ordre *scientifique,* que se trouvent *dé-gagés,* dans la nature, des *fonds* tout entiers déterminés par ces lois effectives (des *Wirkbestände)* et qui sont alors *susceptibles* d'être mis en *action, volontairement,* con-formément à ces mêmes lois effectives, tout en étant eux aussi *traités* par des *appareils et machines techniques.* Les mettre ainsi en action, c'est affaire de la *praxis au sens restreint.* Mais cette praxis est alors, elle éga-lement, du *travail,* qui est ici de l'ordre d'une *production efficiente maté-rielle.* Ainsi nos deux conduites, la théorie et la pratique, sont-elles des modes du travail (technico-industriel) qui se révèle être leur origine commune. La réflexion sur soi, en tant que *volonté* de soi, recèle la *praxis* du travail. Et le sujet réflexif, dans *l'effort* de la certitude de soi, se révèle être le sujet qui travaille. En tant que tel, il est le sujet qui rend certain l'objet non seulement en son objectivité (eidético-mathématique), mais aussi en son effectivité ; il est même le sujet de cette effectivité comme telle, en la mettant en action par la *praxis* du travail. Or, ce travail n'est possible qu'en tant que *travail commun* de ce sujet qu'est la *société industrielle moderne.*

4) Marx a institué la *société industrielle* comme sujet. À suivre ici les *Manuscrits de 1844*[47], le sujet est, chez lui aussi, le sujet réflexif, qui est « pour soi »[48]. Mais ce même sujet est, selon lui, « von Haus aus Natur », d'emblée partie de la nature[49]. Et cette nature existe, selon lui, toujours déjà à titre d'*objet* : elle est la sphère de *l'objectivité.* Le sujet, qui fait partie de cette nature, est donc un sujet naturel ou *sujet objectif (ge-*

---

47. Karl MARX & Friedrich ENGELS, *Werke* [=MEW], Ergänzungsband, Erster Teil [=EB I], Dietz Verlag Berlin 1977, Ökonomisch-philosophische Manuskripte aus dem Jahre 1844, pp. 465-588. / Karl Marx : Manuscrits de 1844 (Économie politique & philosophie). Présentation, traduction et notes de Émile Bottigelli. Editions sociales, Paris 1972. Nous nous référons ici au « Drittes Manuskript, [5. Abschnitt : Kritik der Hegelschen Dialektik und Philosophie überhaupt] », inbes. pp. 577-579 / « Troisième manuscrit. [5ᵉ section : Critique de la dialectique de Hegel et de sa philosophie en général] », en part. pp. 136-138. Nous nous référons aussi à la 2ᵉᵐᵉ section du 3ᵉ Ms, intitulée : « [Privateigentum und Kommunismus] » / « [Propriété privée et commu-nisme] ». — Nous nous limitons ici à quelques articulations essentielles. Nous avons donné une interprétation détaillée des passages concernés des Mss de 44 dans notre article intitulé « Le communisme positif dans les Manuscrits de 44 de Karl Marx (L'institution de la société industrielle comme sujet) », dans : Centre d'études hégé-liennes et dialectiques. Université de Neuchâtel/Suisse. 12ᵉ année. 1986. No 36. pp. 1-25. Concernant la position fondamentale de Karl Marx, cf. également notre livre intitulé : *Hegel et les rescendances de la métaphysique (Hegel — Schopenhauer — Nietzsche — Marx — Kierkegaard — Le positivisme scientifique).* Philosophie — GE-NOS. Collection dirigée par I. Schüssler et A. Schild. Éditions Payot-Lausanne, mars 2003 ; en part. « Chapitre IV : Marx ou la réduction anthropologique et matérialiste de la métaphysique » (pp. 239-256).

48. *Œkonomisch-philosophische Manuskripte*, 3. Ms., MEW, Erg. I, p. 579 / Mss de 44, 3ᵉ ms, p. 138.

49. *Op. cit.,* p. 577 / p. 136.

genständliches Subjekt)[50]. Comme tel, il est alors « *Gattungswesen* », « être générique », soit un être naturel pour lequel, dans son être « pour soi », son essence générique est présente comme telle. Cet être générique, à la fois naturel et présent pour soi, est *l'homme*[51]. L'homme ainsi déterminé occupe désormais la place du sujet. Mais l'homme est d'abord cet être générique seulement de manière *immédiate*, soit sur le mode de la simple *essence ou substance*. Pour l'être sur le mode de la *certitude de soi*, il doit « se confirmer *(sich bestätigen)* » comme celui-ci et l'être de manière médiate :

> [...] der Mensch ist nicht nur Naturwesen, sondern er ist *menschliches* Naturwesen; d. h. für sich selbst seiendes Wesen, darum *Gattungswesen*, als welches er sich [...] bestätigen und betätigen muss. Weder sind also die *menschlichen* Gegenstände die Naturgegenstände, wie sie sich unmittelbar bieten, noch ist der *menschliche Sinn*, wie er unmittelbar *ist*, gegenständlich ist, *menschliche* Sinnlichkeit, menschliche Gegenständlichkeit. Weder die Natur – objektiv – noch die Natur subjektiv ist unmittelbar dem *menschlichen* Wesen adaequat vorhanden.
>
> [...] l'homme n'est pas seulement un être naturel, mais il est un être naturel *humain*; c'est-à-dire un être [présent] pour soi-même, donc un *être générique*, en tant que tel il doit se confirmer et s'actualiser [...] . Donc, les objets naturels tels qu'ils s'offrent immédiatement ne sont les objets *humains*; ni le *sens humain*, tel qu'il *est* immédiatement, objectivement, est la sensibilité *humaine*, objectivité humaine. Ni la nature – au sens objectif – ni la nature au sens subjectif n'existent immédiatement d'une manière adéquate à l'être humain[52].

L'homme doit donc relever *(aufheben)* son immédiateté naturelle et s'objectiver, s'aliéner, en son essence générique, dans les objets de la nature, pour s'approprier alors cette essence générique proprement à partir de ceux-ci et dans ceux-ci. Cette appropriation de soi au travers de cette objectivation de soi a lieu par la *praxis* du travail objectivant, par laquelle il relève *(hebt auf)* la nature immédiate en y élaborant les lois effectives générales de ses forces productives et en mettant celles-ci productivement en action. Rendant par là du même coup objectivement présente, dans les objets de la nature, sa propre activité productrice générique, c'est dans la mesure où il s'approprie cette activité générique dans ces objets que ceux-ci constituent alors le lien objectif commun qui lie objectivement les individus en les unissant en cette unité qu'est alors la société industrielle[53]. Pensée ainsi, la société industrielle s'avère donc être le sujet objectif, en tant qu'au travers de la relève de son im-

---

50. *Ibid.*
51. *Op. cit.*, p. 579 / p. 138. Cf. le texte cité ci-dessous.
52. *Ibid.* (trad. mod.).
53. « Das *menschliche* Wesen der Natur ist erst da für den *gesellschaftlichen* Menschen; denn erst hier ist sie für ihn da als *Band* mit dem *Menschen*, als Dasein seiner für den andren und des andren für ihn [...]. Also die *Gesellschaft* ist die vollendete Wesenseinheit des Menschen mit der Natur [...]. (*op. cit.* p. 537 sq) / « L'essence *humaine* de la nature n'est là que pour l'homme *social*; car c'est seulement ici [i.e. dans la société] que la nature est là pour lui comme *lien* avec *l'homme*, comme existence de lui-même pour l'autre et de l'autre pour lui [...] . Donc, la société est l'unité essentielle parfaite de l'homme avec la nature [...] » (*op. cit.*, p. 89 sq.; trad. mod.).

médiateté par la praxis du travail, il est venu proprement à soi-même (zu sich selbst gekommen ist).

Dans cette relève, la réflexion absolue hégélienne est d'une certaine manière aussi à l'œuvre de sorte que la société industrielle la recèle en elle-même.

Mais cette société industrielle est alors non seulement le sujet de la *nature* (en y élaborant les fonds d'une effectivité possible et en les mettant en action par la praxis du travail); elle est — pour développer la pensée marxienne — aussi le sujet de *l'histoire* puisqu'elle est le sujet *objectif* (gegenständliches *Subjekt)* et qu'elle appartient à la sphère de *l'objectivité*[54]. Ainsi est-elle elle-même d'emblée l'objet possible de la *praxis* du travail. Tout comme la nature en son objectivité, la société industrielle devient alors, elle aussi, l'objet de certaines sciences *empiriques*, à savoir : des *sciences sociales* qui, par leur recherche *méthodique*, élaborent et systématisent les lois empiriques de sa causalité effective en rendant par là possible la planification universelle de ses processus effectifs. Elle peut alors mettre ceux-ci effectivement en action suivant un plan arrêté, en dirigeant — ou en « pilotant » *(steuern)* — le processus de son propre développement, soit son histoire.

Bien que né à partir de la réflexion *libératrice* du sujet moderne, le processus du travail de la société industrielle s'accompagne d'une *indifférence* croissante à l'égard de la liberté elle-même. Car il y va primordialement de *l'appropriation,* soit de l'élaboration et de la mise en action, par la *praxis* du travail industriel, des processus objectifs de l'effectivité, tant de la nature qu'avant tout de la société industrielle elle-même, processus du travail qui est de surcroît l'objet de sa propre planification et de sa propre direction. Autrement dit, il y va, conformément aux développements précédents, d'une puissante volonté absolument « auto-réflexive » qui ne veut qu'elle-même, soit son propre accroissement, et qui tourne toujours davantage dans le cercle propre à elle-même. Sous cette forme, la réflexion moderne constitue donc bien finalement le fondement de la société industrielle contemporaine : en quoi réside sa *portée*. Mais dans la mesure où dans le processus du travail industriel, la liberté est en train de sombrer toujours davantage dans l'indifférence, là s'annonce qu'elle y trouve aussi sa *limite*. Car la liberté appartient originellement, comme sa propriété essentielle, à la réflexion moderne. Toutefois, la question de la liberté, parce qu'appartenant originellement à cette réflexion, va toujours de nouveau se faire jour dans la conscience qui en comporte la mémoire, et constituer ainsi un facteur inquiétant au sein même de l'efficacité croissante du processus de la production par le travail industriel.

C'est pourquoi la question peut survenir de savoir comment la liberté est aujourd'hui possible en tant que réalité fondamentale au sein même dudit processus. Il semble bien qu'elle ne pourra plus être un

54. La société industrielle est donc le sujet de la nature et de l'histoire. Karl-Heinz Volkmann-Schluck a présenté cette thèse dans le cours indiqué par nous ci-dessus (note 4). Il l'a formulée également dans un article intitulé « Was ist die moderne Industriegesellschaft? Versuch einer ontologischen Bestimmung », dans : *Philosophische Perspektiven*, herausgegeben von R. Berlinger und E. Fink, II, Klostermann, Frankfurt a. M. 1970, pp. 297-304.

caractère essentiel de la réflexion moderne elle-même, soit une de ses figures (comme la héautonomie régulatrice de la faculté de juger, l'autonomie catégoriale de la raison théorique ou l'autonomie morale de la raison pratique chez Kant, ou encore la relève libératrice de l'immédiateté naturelle ou la liberté absolue de la réflexion absolue chez Hegel). Car relevant du rapport à soi de la réflexion moderne, toutes ses figures font aujourd'hui partie intrinsèque de celle-ci en tant qu'elle opère comme volonté puissante dans le processus du travail industriel. Il faudrait bien plutôt que la liberté soit elle-même originellement une réalité qui est plus fondamentale encore que toutes les formes de la liberté qui relèvent de la réflexion. Autrement dit, il faudrait qu'elle soit une réalité qui se trouve au *fondement* même de la réflexion moderne, tout en la rendant possible (avec tout ce qu'elle comporte, y compris ledit processus actuel).

La question pourrait donc être, aujourd'hui, de savoir comment la liberté est possible en tant que *réalité fondamentale* au sein même dudit processus de la réflexion. Dégager la possibilité de cette liberté, cela semble bien être l'affaire d'une « réflexion » qui est d'une *autre nature* que la *réflexion moderne*, régie par *le rapport à soi objectivant*, — si tant est qu'on puisse encore parler ici de « réflexion » au sens prégnant (comme rayon qui se reflète en soi). Car s'il s'agit de mettre au jour une liberté qui est plus fondamentale que celle de la réflexion moderne, il faudrait retourner jusqu'à cet élément ou milieu dans lequel cette réflexion moderne se meut originellement elle-même, non pas pour la fonder de nouveau à partir de celui-ci et donc la restaurer, mais pour *ouvrir proprement comme tel* ce dans quoi nous *séjournons déjà* en tant que sujets de la réflexion. S'engager dans cette voie est un *risque*, mais peut-être un risque inévitable. Habitués comme nous le sommes à la certitude de soi de la réflexion moderne, nous ne voulons pas y renoncer. Mais dans la mesure où nous éprouvons aussi ses limites, nous nous trouvons aujourd'hui déjà dans *l'entre-deux* entre la réflexion moderne et la recherche d'une liberté fondamentale par une autre pensée.

RÉSUMÉ DE L'ARTICLE. — La réflexion à l'époque moderne : portée et limite. Par Ingeborg SCHÜSSLER.

L'auteur entend établir que la réflexion est la forme essentielle de la pensée moderne et qu' elle constitue, en tant que telle, le fondement de notre monde. Afin de justifier cette thèse, elle présente la constitution moderne de la réflexion en un ordre, non strictement « historique » mais plutôt « systématique », à travers les positions enchaînées de Descartes, Hegel, Kant, Marx. À terme, elle estime toutefois nécessaire la recherche d'un fondement plus radical encore de la réflexion elle-même : ce fondement serait la liberté.

SUMMARY OF THE ARTICLE. — Reflection in the modern epoch : range and limits. By Ingeborg SCHÜSSLER.

The Author intends to establish that reflection is the essential form of modern thought and that as such it constitutes the foundation of our world. Towards justifying this thesis, she presents the modern constitution of reflection in an order, not strictly « historical », but rather « systematic », by way of the succession of the positions of Descartes, Hegel, Kant and Marx. At the end, however, she considers necessary the pursuit of a foundation still more radical than refection itself.This would be liberty.

Rev. Sc. ph. th. 90 (2006) 23-32

RÉFLEXIONS SUR
LA CITÉ ACTUELLE

par Guy LAFRANCE*

Bien que la réflexion sur l'ordre politique et la Cité ait accompagné la philosophie depuis ses origines, il nous apparaît clair, avec le recul du temps, qu'il s'agit là d'un domaine de la philosophie où la réflexion est sans cesse partagée entre les exigences et l'idéal de l'universel et les contraintes de l'histoire et du particulier. Ce furent là les conditions d'un type de réflexion auxquelles durent se soumettre autant les anciens que les modernes, et plus près de nous, les philosophes des Lumières et nos contemporains. C'est avec cette difficulté à l'esprit que nous abordons ces quelques réflexions sur l'ordre politique actuel qui se voit confronté à de nouvelles exigences historiques, dont celle de la mondialisation en particulier, et à de nouveaux défis provoqués par les diverses remises en question de l'État de droit moderne et la fragilité du droit international dans son organisation administrative et son autorité.

À plusieurs égards, les problèmes posés à la réflexion philosophico-politique actuelle nous ramènent aux interrogations des philosophes des Lumières, à celles de Locke, de Montesquieu, de Rousseau et de Kant en particulier. Qu'il s'agisse des rapports entre l'éthique et le politique, de la conception et du rôle de l'État, du rôle de la raison dans l'espace public, des conflits entre l'universel et le particulier, de l'union politique et économique des nations, du droit des peuples, du droit international, des droits de l'homme, de la tolérance, de la citoyenneté, de la guerre et de la paix, ou de la conception même de la démocratie, tous ces problèmes nous invitent à poursuivre la réflexion philosophique en nous inspirant de cette riche et belle tradition de la philosophie européenne, française, allemande et anglaise en particulier, qui a pour elle le mérite d'avoir jeté les bases de l'État de droit moderne.

Malgré le cours de l'histoire, l'accélération des communications qui favorisent une certaine mondialisation, et sans doute aussi des progrès accomplis dans plusieurs domaines de la vie sociale et politique, il est frappant de constater combien ces questions qui ont alimenté la ré-

* Professeur émérite, Université d'Ottawa.

flexion des philosophes des Lumières, conservent toute leur pertinence et leur actualité.

Dans le cadre de cet exposé, je souhaiterais formuler quelques remarques sur certains de ces thèmes qui suscitent la convergence de la réflexion philosophique actuelle, soit les thèmes de la raison publique, de la citoyenneté et de l'État démocratique dans un contexte de mondialisation. Ces thèmes concernent en premier lieu l'organisation et le fonctionnement politique de la cité ou de l'État, dans sa signification la plus traditionnelle, mais ils ouvrent en même temps la voie à une nouvelle réflexion sur les rapports entre les États et les peuples souhaitant participer à la recherche de la paix.

Un bref rappel historique sur le fondement du droit moderne et la justification de l'État de droit permettra de mieux situer notre propos. Nous savons que depuis Hobbes jusqu'à Kant, le droit moderne s'est construit dans la subjectivité, à partir du Je comme pouvoir de liberté et de détermination, renversant ainsi la conception classique du droit fondé sur la nature ou un certain ordre de faits susceptible de servir de modèle à l'organisation politique de la cité. En raison justement de son enracinement dans le sujet, le droit moderne fait place à la volonté, à l'autonomie et au seul pouvoir de l'homme. Perspective nouvelle qui fera germer l'idée selon laquelle le seul fondement légitime du pouvoir politique est issu d'un contrat originaire et fictif passé entre les membres de la société civile. Du même coup, l'idéal de la *politeia* ou du meilleur gouvernement se trouve remplacé par la primauté de la règle de droit et le respect absolu des lois qui fixent les contraintes nécessaires au bon fonctionnement de la société civile. La normativité juridique de l'État moderne remplace ainsi la normativité éthique qui avait nourri l'idéal politique des anciens.

À l'exception de Rousseau qui a toujours rêvé de la cité républicaine fondée sur l'union de la morale et du droit selon le modèle antique, les théoriciens du droit moderne depuis Hobbes ont plutôt préconisé la dissociation du droit et de la morale ou à tout le moins leur distinction devenue inévitable quand il s'agit de considérer le droit politique. En ce sens, la démarche de Kant a bien clarifié la nature de cette distinction et son importance pour la réflexion sur la politique et le droit. En liant la morale à l'intériorité et à l'autonomie de la volonté et en définissant le droit par son pouvoir de contrainte extérieure, Kant a montré comment les lois juridiques pouvaient être valides et légitimes sans qu'il soit nécessaire d'exiger d'elles leur accord avec la moralité. C'est d'ailleurs en ce sens que Kant a pu dire des lois juridiques qu'elles pouvaient « forcer l'homme à être, sinon moralement bon, du moins bon citoyen », et dans le cas d'une constitution civile qu'elle pouvait agir ainsi même sur « un peuple de démons », pourvu, bien sûr, que ce peuple soit doué d'entendement [1].

Malgré cette séparation ou cette dissociation entre le droit et la morale, Kant leur reconnaît également la possibilité d'accéder à l'universel par leur rattachement aux lois de la raison. Et en ce sens, l'impératif du

---

1. E. KANT, *Projet de paix perpétuelle*, dans *Kant : Œuvres philosophiques*, Bibliothèque de la Pléiade, Gallimard, Paris, 1986, T. III, p. 360.

droit rejoint, par sa visée universaliste, l'impératif de la moralité. Ainsi, dans sa version kantienne, le droit moderne apparaît comme un droit rationnel et universel qui se veut fidèle aux objectifs de la raison prati-que. Cette conception rationaliste du droit conserve toutefois un certain fondement naturaliste et anthropologique, que l'on retrouve autant chez Kant que chez Rousseau, mais que Kant désigne par ce « droit inné » ou droit qui appartient « à tout homme en vertu de son humani-té », soit la *liberté* et l'*égalité* innées qui résident dans l'indépendance et dans la réciprocité des obligations vis-à-vis des autres selon le principe qui consiste à « être son *propre maître (sui juris)* »[2].

C'est donc sur cette idée de l'homme et de l'humanité jointe à la conception moderne du droit que sera construite la théorie politique républicaine qui sera aussitôt présentée comme seul fondement légi-time du pouvoir politique et de l'État. Pour les philosophes des Lumiè-res, il s'agit là d'un acquis indéniable de la raison pratique à partir du-quel la réflexion doit se poursuivre pour tenter de résoudre les autres problèmes de la vie politique, dont ceux non seulement de la paix civile, mais aussi de la paix entre les nations, de la tolérance, voire de l'union entre les peuples afin d'atteindre peut-être un jour cet objectif ultime que Kant entrevoyait non seulement comme possible mais comme une sorte de devoir pour l'humanité auquel devait s'efforcer de travailler la raison pratique, soit celui d'atteindre « une société civile administrant universellement le droit »[3].

Malgré ce qui a pu apparaître comme un bel optimisme, on connaît toutes les difficultés quasi insurmontables que Kant a exprimées par rapport à cet objectif, au point de le considérer d'abord comme le der-nier problème à résoudre par l'espèce humaine, pour ensuite conclure à l'impossibilité de sa solution parfaite en raison même de l'imper-fection de la nature humaine. Tout au plus l'humanité pourra-t-elle, selon lui, s' « approcher de cette Idée » et nourrir cette belle espérance.[4]

Mais, cette belle espérance permet néanmoins la formulation de projets plus modestes et plus immédiats pour la condition humaine et que la raison pratique entrevoit comme possibles et réalisables, no-tamment le projet d'unir les peuples en vue d'assurer une paix durable. C'est ainsi que, dans le prolongement de la théorie républicaine, mise en place par Rousseau, Kant va pousser beaucoup plus loin que ce dernier sa réflexion sur le droit des gens, sur les confédérations, sur le cosmopolitisme, et sur les conditions de la paix.

Avec le recul du temps, il nous est permis de considérer la théorie philosophique républicaine comme un acquis de la raison pratique, même si dans les faits sa réalisation reste encore bien parcellaire sur l'échiquier du monde. La théorie républicaine des Lumières conserve tout le mérite d'avoir introduit et valorisé le discours de la raison dans l'espace public. Et c'est sans doute ce qui la rend encore susceptible de nourrir une réflexion utile pour les problèmes politiques actuels.

2. E. KANT, *Métaphysique des mœurs*, Introduction à la doctrine du droit, dans *Kant : Œuvres philosophiques*, T. III, p. 487-488.
3. E. KANT, *Idée d'une histoire universelle au point de vue cosmopolitique*, Cin-quième proposition, dans *Kant : Œuvres philosophiques*, T. II, p. 193.
4. *Ibid.*, Sixième proposition, p. 195.

Depuis les Lumières, on peut dire sans trop risquer de se tromper, que la réflexion philosophique sur les questions politiques les plus fondamentales relatives à l'État de droit, n'a que peu progressé, si ce n'est du côté de la justice sociale et de la distribution des richesses collectives, et par voie de conséquence, sur le rôle de l'État dans la répartition des biens et des richesses.

C'est d'ailleurs par ce biais que s'est produite, au cours des dernières décennies, la reprise de la discussion sur l'État de droit ou l'État démocratique comme on a de plus en plus tendance à le désigner. Nous faisons ici référence à ce vaste et important courant de la tradition philosophique analytique inspiré par la *Théorie de la justice* de Rawls.

L'intérêt considérable suscité par cette théorie, ainsi que par la discussion qu'elle a provoquée, vient à la fois de son enracinement dans la tradition philosophique des Lumières, puisqu'elle prétend reprendre la discussion philosophico-politique laissée en plan depuis Locke, Rousseau et Kant; mais elle vient aussi de son intention explicite qui est de pousser encore plus loin la réflexion de Kant en particulier sur les possibilités qu'offre la raison pratique de construire un modèle d'organisation politique qui sache répondre aux exigences des sociétés actuelles.

Le projet est ambitieux puisqu'il s'est d'abord présenté comme l'alternative au marxisme et au libéralisme classique, en voulant établir sur une base rationnelle de nouveaux principes pour une distribution équitable des richesses et offrir, du même coup, un modèle d'organisation étatique qui puisse garantir les libertés fondamentales des citoyens ainsi que leur égalité des chances. Cette théorie, toute inspirée de l'idée kantienne de la personne, se caractérise toutefois par son souci d'efficacité immédiate et concrète. C'est d'ailleurs pourquoi le modèle de société juste et bien ordonnée qu'elle propose se trouve définie par une justice procédurale fondée sur des règles publiques issues d'un consensus raisonnable et d'une discussion publique.

Bien que cette théorie soit apparue, au départ, comme une théorie de la justice distributive, c'est bien davantage sa dimension politique qui nous semble la plus intéressante et la plus fructueuse pour notre réflexion actuelle. Nous retiendrons comme premier élément intéressant de cette théorie, le rôle dévolu à la raison dans l'espace public. Cet appel à la raison se veut une formulation concrète des idéaux des Lumières en vue d'assurer, en un premier temps, l'unité et la stabilité du corps politique sans pour autant prétendre au même degré d'universalité. La raison pratique, identifiée à la raison publique, se voit assigner la responsabilité d'établir un « consensus par recoupement » entre les multiples doctrines compréhensives raisonnables et pourtant conflictuelles entre elles, qui peuvent se retrouver au sein d'une même société politique. L'objectif de la raison devient alors celui d'une conception raisonnable de l'ordre politique ; raisonnable étant entendu dans le sens d'une attitude réfléchie, de la recherche d'un équilibre réfléchi entre des doctrines compréhensives raisonnables et des visions du monde qui sont aussi différentes. Ainsi comprise, la raison publique vise la recherche de normes communes et acceptables pour la stabilité et le bon fonctionnement de la société politique. Dans cette perspective d'acceptabilité, la raison pratique devient plus modeste dans ses ambitions qui se trouvent soumises aux contraintes d'un accord politique raisonnable; elle abandonne sa prétention à la vérité, à la validité et à la justesse rationnelle, comme le voulait la démarche de Kant; mais elle ne renonce pas pour autant à son objectif d'universalité.

Néanmoins, cette raison mise en contexte et balisée par l'espace public peut conduire à des résultats intéressants bien que limités à la seule dimension politique. On y retrouve d'abord, outre l'appel à la raison commune, un appel à la tolérance politique en vue d'assurer des objectifs politiques communs, tolérance comparable à l'Idée de tolérance religieuse de l'époque des Lumières, mais limitée cette fois au seul cadre politique. Si la « guerre des dieux » peut-être évitée, c'est par le recours au seul consensus politique raisonnable.

On y retrouve aussi une conception particulière de la citoyenneté démocratique inspirée de la notion kantienne de personne morale avec toutes ses caractéristiques de rationalité, de liberté, de dignité et de respect. Cette notion de personne morale se voit transformée en citoyen qui revendique le droit fondamental à la liberté et à l'égalité au sein d'une structure politique démocratique participative et régie selon les règles du droit. La société bien ordonnée devient alors celle où les citoyens ayant une culture démocratique acceptent de partager une même vision de l'État démocratique en dépit de leurs valeurs personnelles divergentes. Ce qui importe donc avant tout c'est le bon fonctionnement de l'État et le respect des droits fondamentaux des citoyens par delà le polythéisme des valeurs et la coexistence des doctrines compréhensives raisonnables.

La citoyenneté démocratique, ainsi comprise, se voit épurée de toute référence à l'idée de territoire, de peuple ou de nation; de toute référence ethnique et socio-culturelle, à l'exception bien entendu du partage d'une certaine culture démocratique, mais sans pour autant aller jusqu'au cosmopolitisme. Reste comme principale référence identitaire le « corps des citoyens » unis par une constitution politique commune. D'où l'importance, dans cette perspective, de la règle fondamentale du droit et d'une constitution politique qui, à la fois, définit et préserve les conditions d'existence même de cette citoyenneté libre et égale pour tous.

Mentionnons enfin, comme autre élément intéressant de cette théorie, la notion de valeurs politiques qu'elle véhicule et qui est à la base même de ce constructivisme politique. À peu de choses près, cette théorie qui s'identifie à celle d'une « démocratie constitutionnelle », reprend pour l'essentiel les valeurs humanistes et les principes fondateurs du républicanisme des Lumières; principes axés sur les droits-libertés ou droits inaliénables des citoyens, sur l'idée de la souveraineté du peuple et sur l'autorité de la loi fondamentale. La raison publique, qui se veut le moteur de cette théorie, ne saurait se passer de ces valeurs politiques ou principes régulateurs *a priori* qui sont au départ de toute discussion possible.

Force est donc de constater que non seulement avec le recul du temps mais aussi à l'examen des efforts théoriques qui ont été tentés au cours des deux derniers siècles, les valeurs humanistes et les principes politiques du républicanisme des Lumières représentent un acquis social historique majeur. Ils méritent d'être considérés comme une œuvre de civilisation et conservent toute leur actualité moyennant certains ajustements pratiques et contextuels.

Si, au niveau théorique du moins, les principes du républicanisme apparaissent encore aujourd'hui comme étant les plus aptes à définir l'État de droit pour en assurer la stabilité et la légitimité tout en assurant la paix intérieure de l'État « le salut public par l'état juridique », pour reprendre ici l'expression de Kant, ces principes n'ont cependant pas produit les mêmes effets dans les rapports entre les États et les peuples. Dans un contexte de mondialisation vers lequel l'humanité semble de plus en plus devoir s'orienter, la nature et les modalités de ces rapports entre les États et les peuples nous apparaissent comme le défi le plus important qui se pose à notre réflexion politique actuelle, si on croit toujours en la possibilité d'une harmonie et d'une paix durable entre les peuples.

Le développement des techniques et la rapidité toujours croissante des moyens de communication, s'ils ont pu rapprocher véritablement les peuples à bien des égards, sont également perçus comme une menace à la diversité et à l'identité culturelle. Le vieux rêve du cosmopolitisme ne trouve évidemment plus sa place dans ce contexte. On se rappellera d'ailleurs à ce sujet que même Kant, dans ses derniers écrits, avait réduit ce beau rêve à l'hospitalité. Devenu beaucoup plus réaliste dans ses vues, Kant, dans ses derniers écrits, en particulier dans le *Projet de paix perpétuelle* et dans la *Doctrine du droit*, invoque plutôt l'idée de l'union des États républicains sous forme d' « alliance pacifique », d' « association fédérative » ou même de confédération. S'il a d'abord vu, dans la foulée de Rousseau, que seule la constitution républicaine d'un État pouvait « nous faire espérer une pacification permanente » en raison de « la pureté de son origine qui tient à l'idée même du droit »[5] fondé sur les principes de liberté, d'égalité et de soumission de tous à une législation commune; il a aussi très vite perçu la « contradiction manifeste » soulignée par Rousseau (qui la trouvait d'ailleurs presque insurmontable), entre la pacification engendrée par l'État de droit et le nouvel état de guerre suscité par celui-ci entre les États et les peuples.

Pour Kant, au contraire, la difficulté non seulement peut, mais doit être surmontée par cette ruse de la raison qui de la guerre poussera les hommes et les peuples à faire surgir la paix. La voie de la raison et du droit devrait, selon Kant, conduire les peuples à s'unir et à créer des alliances pacifiques. « La raison condamne sans exception la guerre comme voie de droit, affirme-t-il, dans le *Projet de paix perpétuelle*; elle fait un devoir absolu de l'état de paix »[6].

L'instrument par excellence auquel songeait Kant pour conduire les peuples à cet état de paix est celui d'un « fédéralisme libre » conçu comme un « supplément du pacte social »[7] ou un prolongement de celui-ci et duquel il tire toute sa légitimité, de telle sorte qu'il soit toujours considéré, au plan juridique, comme relevant du droit des gens compris dans le sens d'un « droit *in subsidium* d'un autre droit qui est

---

5. E. KANT, *Projet de paix perpétuelle*, Premier article définitif, dans Emmanuel Kant : *Œuvres philosophiques*, Bibliothèque de la pléiade, T., III, p. 342.
  6. *Ibid.*, p. 348.
  7. *Ibidem.*

originaire »[8]. La distinction est importante puisqu'elle vise la protection et l'intégrité absolue de l'État de droit originaire, source première du droit et de toute liberté politique et qu'aucune association d'États ne devrait mettre en péril.

Il importe de s'arrêter un moment sur toute la précaution prise par Kant pour bien préserver à la fois l'autorité, la liberté et la suprématie de l'État de droit originaire dans ces unions, fédérations ou « congrès des États », comme il les désigne à la fin de sa réflexion.[9] Il ne peut s'agir dans ces formes d'alliances d'un super État ni d'une confédération fondée sur une constitution politique indissoluble, à la manière de la confédération des États américains, précise-t-il. L'alliance souhaitable pour lui est bien davantage une sorte de conseil formé par différents États, mais qui demeure « révocable » à tout moment.[10]

Ce concept d'alliance des États, replacé au terme de la réflexion de Kant sur la paix, fait suite à l'affirmation selon laquelle « la paix perpétuelle est évidemment une Idée irréalisable »[11] ; mais les principes politiques qui tendent à ce but et qui concourent à nous en approcher, ne sont pas pour autant une Idée irréalisable. Et c'est ici qu'intervient, dans la logique de Kant, l'impératif de la raison pratique qui commande de travailler sans relâche à l'établissement de la paix, peu importe la question de savoir « si la paix perpétuelle est quelque chose de réel ou de chimérique »[12].

Si Kant a cru en la possibilité de réaliser l'idée d'une fédération de tous les États, il a aussi cru dans la possibilité que renferme cette Idée régulatrice de la paix perpétuelle de produire ses effets et d'acheminer progressivement les États et les peuples à l'approchement même de cette Idée, aussi imparfait que soit ce rapprochement.

Dans le contexte actuel d'un rapprochement accéléré des peuples par le développement des techniques de communication et dans un monde où les alliances politiques et économiques sont devenues une contrainte inévitable, les réflexions de Kant sur la politique et le droit, que nous avons associées aux idéaux des Lumières ainsi qu'à la théorie libérale plus récente de Rawls, conservent une étonnante actualité et peuvent encore servir de guide pour notre réflexion politique actuelle. Parmi les questions qui se posent plus immédiatement à notre réflexion, j'en retiens deux qui me semblent parmi les plus importantes.

D'abord, celle du rôle de la raison dans l'espace public. On se rappellera que l'importante distinction kantienne entre le public et le privé avait essentiellement pour but de mettre en évidence le lieu de la « pensée libre », de la « *liberté d'écrire* » et de s'exprimer publiquement.[13] L'espace public c'est le lieu propice à l' « esprit de liberté »[14] que la raison exige pour le respect du droit et *a fortiori* pour le respect de la

---

8. E. KANT, *Métaphysique des mœurs, Doctrine du droit*, § 54, dans *Œuvres philosophiques*, T., III, p. 617.

9. *Ibid.*, § 61, p. 624.

10. *Ibid.*, p. 625.

11. *Ibid.*, p. 624.

12. *Ibid.*, Conclusion, p. 628.

13. E. KANT, *Sur le lieu commun...* dans *Kant : Œuvres philosophiques*, T. III, p. 288

14. *Ibid.*, p. 289.

constitution politique. L'appel à la raison publique de Kant conserve toute sa pertinence pour le débat politique actuel puisqu'elle est l'instrument par excellence dont nous disposons pour rendre possible la discussion publique et ouverte; elle rend possible la tolérance des opinions et des valeurs divergentes qui permet d'aboutir au consensus politique par la recherche du raisonnable.

L'univers et notre monde, en particulier, comme l'écrivait Bergson, « est une machine à faire des dieux »[15]. Si la guerre des dieux a pu être évitée et peut encore être évitée, c'est grâce au recours à la raison. Motif supplémentaire, comme le soulignait encore une fois Kant, de « traiter l'homme, qui est *plus qu'une machine*, conformément à sa dignité »[16]. C'est à cette condition qu'il est aussi permis d'espérer maintenir dans toute sa force l'idée même de l'État de droit moderne.

Il peut sembler à la fois étonnant et superflu de rappeler l'importance du rôle déterminant de la raison publique devant une assemblée de philosophes. Mais comme tout ce qui touche à l'ordre politique est constamment soumis à un équilibre fragile, la vigilance s'impose afin de contrer les nouveaux dangers qui menacent les acquis de la raison. Mentionnons parmi ces dangers, en particulier, la dérive anti-humaniste de certains courants de pensée qui s'affichent comme post-modernes en valorisant une vision cybernétique du monde qui occulte les valeurs humanistes de la modernité au profit de l'idéologie de la techno-science. Mais il y a aussi, de façon peut-être plus évidente, la résurgence des intégrismes de toutes sortes qui risque à tout moment de raviver la guerre des dieux.

La seconde question qui retient notre attention est celle de l'union entre les États et les peuples ainsi que les conditions de la paix. Depuis l'Abbé de Saint-Pierre que certains ont qualifié tantôt de visionnaire, tantôt de rêveur, lui qui entrevoyait comme possible et réalisable « l'Union Européenne »[17], selon son expression, et qui en avait même proposé les modalités de réalisation, les projets formulés en ce sens, et à plus vaste échelle, se sont poursuivis, entraînant dans leurs réalisations concrètes des échecs répétés, mais aussi des réussites partielles et inachevées dont nous pouvons encore de nos jours constater la force et la fragilité.

Dans la foulée de l'Abbé de Saint-Pierre et de Rousseau, Kant a poursuivi la réflexion sur ces alliances possibles entre les nations. Or, pour lui, la réussite de ces alliances est soumise à deux conditions essentielles, qui sont aussi des conditions de possibilité de la paix, soit le respect des principes républicains sur lesquels doivent être fondés les États membres et le respect de la souveraineté de ces États en tant que fondement absolu du droit originaire. Ces alliances, bien sûr, ne correspondent pas à l'idéal théorique de la raison qui est de « former un État

---

15. H. BERGSON, *Les deux sources de la morale et de la religion*, dans *Bergson Œuvres*, Presses Universitaires de France, Paris, 1959, p. 1245.

16. E. KANT, *Qu'est-ce que les lumières?*, dans *Emmanuel Kant : Œuvres philosophiques*, T. II, p. 217.

17. ABBÉ DE SAINT-PIERRE, *Projet pour rendre la paix perpétuelle en Europe*, présenté par Simone Goyard-Fabre, Paris, Éditions Garnier, 1981, Préface, § 10, p. 130.

de nations qui embrasse insensiblement tous les peuples de la terre »[18];
mais elles répondent à une exigence pratique qui est d' « empêcher la
guerre »[19].

Par delà la dichotomie de la théorie et de la pratique, ce qui importe, dans la pensée de Kant, c'est d'assurer la primauté et le respect
du droit, tant à l'intérieur des États eux-mêmes qu'au niveau des alliances entre les États, si on veut favoriser le règne de la paix. D'où
l'importance absolue de la règle de droit qui doit régir toute constitution légitime et stable. « La seule constitution politique stable, affirme
Kant, est celle où la *loi* commande par elle-même et ne dépend
d'aucune personne »[20]. Ou encore cette autre affirmation de Kant qui
reprend essentiellement la même idée : « La meilleure constitution est
celle où ce ne sont pas les hommes mais les lois qui ont le pouvoir »[21].
Cette règle absolue du droit dans la constitution des États apparaît
toujours comme la condition ou le préalable nécessaire à tout état juridique de fédération ou d'alliance entre les peuples.

Les défis actuels de la mondialisation et de la paix exigent plus que
jamais le concours de la raison et du droit pour former des alliances
durables qui soient aussi respectueuses de la diversité culturelle et de
la souveraineté des États. Bien entendu, les alliances qui se forment
dans le contexte actuel nécessitent des ajustements particuliers comme
celui de la définition de la citoyenneté sur une base élargie, et celui du
partage de la souveraineté étatique traditionnelle.

En ce sens, l'union progressive des États européens inspire le reste
du monde, car cette forme d'alliance favorise non seulement l'entente
cordiale entre les peuples, mais elle supplée, à bien des égards, à la
faiblesse du droit international et des organismes qui le soutiennent,
dont le respect repose encore trop souvent sur le bon vouloir aléatoire
et les intérêts des États puissants. Le modèle de l'Union européenne
nous semble bien s'inscrire dans le cheminement de la réflexion des
penseurs des Lumières, de celle de Kant en particulier, sur les alliances
et les conditions de la paix entre les nations. Ce modèle d'alliance est
porteur d'espoir et de paix durable.

18. E. KANT, *Projet de paix perpétuelle*, dans *Kant : Œuvres philosophiques*, T. III, p.
349.
19. *Ibidem.*
20. E. KANT, *Métaphysique des mœurs, Doctrine du droit*, dans *Œuvres philosophiques*, T. III, p. 613.
21. *Ibid.*, p. 629-630.

RÉSUMÉ DE L'ARTICLE. — Réflexions sur la cité actuelle. Par Guy LAFRANCE.

L'auteur veut montrer que le mouvement de la réflexion entendue comme retour présent sur les fondements de la cité actuelle (par exemple chez J. Rawls) ne peut, pour l'essentiel, que répéter les questions et modaliser (ou réactualiser) les réponses qui furent déjà formulées, notamment par Locke, Montesquieu, Rousseau et Kant.

SUMMARY OF THE ARTICLE. — Reflection upon the contemporary city. By Guy LAFRANCE.

The author aims to show that the movement of reflection understood as a present return to the foundations of the contemporary city (in the thought of J. Rawls, for example), cannot, in essence, do any more than repeat the questions and remodel (or reactualize) the replies already formulated, notably by Locke, Montesquieu, Rousseau and Kant.

Rev. Sc. ph. th. 90 (2006) 33-49

LE MOMENT
DE LA RÉFLEXION

REGARDS SUR LA PHILOSOPHIE FRANÇAISE
(XIXᵉ ET XXᵉ SIÈCLES)

par Claude TROISFONTAINES[*]

Dans un ouvrage récent, intitulé *Les pratiques du moi*, le philosophe américain Charles Larmore[1] s'interroge sur le rapport que chacun entretient avec lui-même et qui fait de lui un moi. D'entrée de jeu, le philosophe avance sa thèse, à savoir que ce rapport s'éclaire par la réflexion *pratique* plutôt que par la réflexion *cognitive* :

> « Dans la réflexion cognitive, le moi nous apparaît sous l'aspect de son intelligibilité universelle. Nous nous divisons en deux pour nous regarder de l'extérieur comme quiconque pourrait en principe le faire. [...] Ce qui nous importe est de réfléchir sur nous-mêmes en spectateurs désintéressés. Dans la réflexion pratique, en revanche, le moi apparaît sous son aspect primordial qui est d'être le moi que nous avons seuls à être. Nous ne prenons pas l'attitude d'un autre par rapport à nous-mêmes, nous n'introduisons aucune division comme avant entre sujet et objet, car la question devant nous s'adresse plutôt à notre volonté »[2].

Si l'objet principal de l'ouvrage est l'examen de la nature du moi, il n'en reste pas moins qu'une de ses préoccupations majeures est l'analyse de la réflexion. Le livre aurait même pu s'intituler, au dire de l'auteur, « Critique de la réflexion »[3]. C'était là, pour nous, un premier motif de le prendre en considération. Mais un second motif nous y a incité. Pour atteindre ses objectifs, Larmore s'inspire de nombreux philosophes français qui, selon lui, ont apporté des éléments décisifs de

---

* Université catholique de Louvain

1. Ch. LARMORE, *Les pratiques du moi*, Paris, PUF, 2004. L'auteur préfère parler du *moi* plutôt que du *soi*. Le premier terme est en effet plus usuel que le second, mais il a aussi sa valeur propre. Cf., à ce propos, p. 128.

2. *Ibid.*, p. 9-10.

3. *Ibid.*, p. 10.

réponse à la question du moi[4]. Nous ne pouvions donc rêver de rencontre plus stimulante pour développer le sujet annoncé dans notre sous-titre. Notre intention n'est pas de commenter de manière suivie l'ouvrage mais d'en reprendre librement certains points afin de découvrir les apports de la pensée française au thème de la réflexion, quitte à recourir à d'autres penseurs susceptibles de nous éclairer. Nous procéderons ainsi à la manière de l'auteur qui parle « d'appropriation sélective »[5].

1. RÉFLEXION COGNITIVE ET RÉFLEXION PRATIQUE[6]

La distinction capitale qui commande l'ouvrage est celle de la réflexion cognitive et de la réflexion pratique. Larmore remarque en passant que cette distinction, pour évidente qu'elle soit, a « rarement été remarquée »[7]. Le jugement sera sans doute à nuancer. Il est vrai qu'en parlant de *réflexion*, il est courant d'envisager en premier lieu la réflexion intellectuelle, c'est-à-dire le « retour sur elle-même de la pensée, qui prend pour objet un de ses actes spontanés ou un groupe de ceux-ci », comme le dit le *Vocabulaire* de Lalande[8]. Or, la thèse de Larmore est que le rapport à soi constitutif du moi ne relève pas, au premier chef, de la réflexion cognitive : « elle doit faire partie de l'être même du moi et s'exercer (en permanence) sans introduire aucune distinction entre sujet et objet »[9]. Cette affirmation ne signifie pas que la connaissance du moi que le sujet acquiert par la réflexion théorique, est radicalement fausse. Il est parfaitement possible de prendre sur soi le point de vue d'autrui et de chercher ainsi à obtenir un *savoir* de soi. Mais ce faisant, le sujet s'objective et ne s'atteint pas dans ce qu'il a de propre comme moi. « Une tout autre forme de réflexion se trouve à l'œuvre lorsque nous faisons retour sur nous-mêmes pour endosser formellement quelque croyance ou ligne d'action où nous nous trouvons déjà impliqués sans y penser »[10]. C'est ce que l'auteur appelle la réflexion pratique. Il est à remarquer que cette autre démarche ne supprime pas toute dualité. Au contraire, « ce que ce deuxième type de réflexion nous fait bien comprendre, c'est que le moi, en raison de son rapport à soi fondamentalement pratique ou normatif, n'existe qu'à distance de lui-même, s'engageant à être ce qu'il n'est pas encore »[11]. Il devient alors

---

4. C'est d'ailleurs pour cette raison que le philosophe américain a écrit directement son livre dans la langue de Descartes. Cf. *Ibid.*, p. 6-7.

5. *Ibid.*, p. 61.

6. Nous commençons par élucider cette distinction (point 1) avant d'en voir l'application au problème de la sincérité et de l'authenticité (point 2). Larmore procède de manière inverse dans son ouvrage.

7. *Les pratiques du moi*, p. 97.

8. Article « Réflexion », sens A. Le *Vocabulaire technique et critique de la philosophie*, élaboré par A. LALANDE avec le concours de la *Société française de philosophie*, a d'abord paru sous forme de fascicules s'échelonnant de 1902 à 1923. La 2ème édition est parue en deux volumes, Paris, Alcan, 1926. Maintes fois réédité et complété, le *Vocabulaire* est disponible dans la collection Quadrige, Paris, PUF, 1999.

9. *Les pratiques du moi*, p. 6.

10. *Ibid.*, p. 9.

11. *Ibid.*, p. 10.

possible de saisir notre moi dans ce qu'il a d'irréductible, c'est-à-dire dans ce que nous sommes seuls à pouvoir réaliser.

D'où vient cette distinction de la réflexion cognitive et de la réflexion pratique ? Larmore n'en fait pas mystère : il la reprend à Bergson et à Sartre. Ce rapprochement a de quoi surprendre car qui, davantage que Sartre, a critiqué l'intuition de la durée mise en avant par Bergson ? Mais Larmore estime, à juste titre, que Sartre dissimule soigneusement sa dette vis-à-vis de son prédécesseur. Bergson, en effet, est le premier « à voir dans la réflexion pratique, dans la reprise lucide de nos engagements, une expression plus fidèle de notre véritable nature »[12]. Il écrit en effet : « Pour que notre conscience coïncidât avec quelque chose de son principe, il faudrait qu'elle se détachât du *tout fait* et s'attachât au *se faisant*. Il faudrait que, se retournant et se tordant sur elle-même, la faculté de *voir* ne fît plus qu'un avec l'acte de *vouloir*. »[13] C'est ce que la conscience réalise dans l'intuition de la durée. On objectera qu'il est curieux de rattacher l'intuition à la *réflexion pratique* alors que Bergson a toujours opposé l'intuition à l'*intelligence pratique* qui morcelle la durée et place le moi dans un temps spatialisé. La remarque est exacte. Mais si le philosophe critique l'analyse rétrospective qui aboutit à un moi extérieur figé, répondant aux attentes sociales, c'est pour lui opposer une autre approche, l'intuition, qui tente de rejoindre le moi intérieur dans sa mobilité même. Cette approche relève de la liberté : on peut donc la qualifier de *pratique*.

Bergson, par ailleurs, souligne fréquemment le caractère difficile et fugitif de l'intuition. « Dans l'action libre, quand nous contractons tout notre être pour nous lancer en avant, nous avons la conscience plus ou moins claire des motifs et des mobiles et même, à la rigueur, du devenir par lequel ils s'organisent en acte ; mais, le pur vouloir, le courant qui traverse cette matière en lui communiquant la vie, est chose que nous sentons à peine, que tout au plus nous effleurons au passage. »[14] En fait, nous n'atteignons jamais qu'un vouloir individuel et fragmentaire. Dès lors, « la dialectique [ou l'analyse] est nécessaire pour mettre l'intuition à l'épreuve, nécessaire aussi pour que l'intuition se réfracte en concepts et se propage à d'autres hommes »[15]. On pourrait penser que ce texte réhabilite l'analyse mais ce n'est pas le cas. Bergson ajoute en effet : « À vrai dire les deux démarches sont de sens contraire : le même effort, par lequel on lie des idées à des idées, fait évanouir l'intuition. »[16] L'opposition entre l'intelligence par concepts et l'intuition par sympathie reste donc entière, ce qui suscite une difficulté souvent émise et que Larmore reprend à son tour : peut-on affirmer que la con-

---

12. *Ibid.*, p. 132.

13. *Id.*, citation de *L'évolution créatrice*, p. 238. Larmore renvoie à la pagination originale de l'ouvrage. Cette pagination est reproduite en marge dans l'édition du centenaire, H. BERGSON, *Œuvres*, Paris, PUF, 1959.

14. *L'évolution créatrice*, p. 238-239. Il s'agit de la suite du passage cité à la note précédente.

15. *Ibid.*, p. 239. Notons les nombreuses métaphores optiques qui parcourent le texte. L'intuition est une lumière qui se contracte en se réfléchissant ou qui se disperse en se réfractant dans le milieu de l'intelligence.

16. *Id.*

naissance par concepts déforme fatalement son objet en sorte qu'il faille se réfugier dans une intuition ineffable?

Une difficulté analogue guette la position de Sartre. Mais, avant de l'énoncer, il est juste de reconnaître l'originalité de sa conception de la subjectivité. « Le sujet se trouve toujours à distance de soi, et cela non seulement dans la réflexion où nous nous faisons l'objet de notre propre regard, mais plus radicalement encore dans la nature même de notre conscience, dans cette présence à soi 'non thétique' ou préréflexive qui habite toutes nos pensées et tous nos actes. »[17] « Le soi, déclare Sartre, représente donc une distance idéale dans l'immanence du sujet par rapport à lui-même, une façon de *ne pas être sa propre coïncidence.* »[18] Il est l'être pour-soi qui se nie comme être en-soi pour devenir conscience de ce qu'il n'est pas. D'où la temporalité essentielle de l'être pour-soi qui se transcende sans cesse vers ce qu'il a à être, tout en restant rivé à sa facticité actuelle.

Cette temporalité, qui affecte originairement la conscience non thétique (de) soi, disparaît-elle dans la réflexion qui est conscience thétique *de* soi[19]? La question est capitale pour Sartre qui reconnaît que toute son ontologie dépend de la réflexion. Or si celle-ci déforme l'expérience première que nous avons de nous-mêmes comme êtres pour-soi, le projet de décrire cet être s'évanouit. Pour répondre à cette question, Sartre introduit une distinction entre réflexion *pure* et réflexion *impure*. La réflexion pure est celle du sujet réfléchissant qui se dédouble pour se rendre présent au pour-soi de la conscience préréflexive, en restant un pour-soi engagé dans la temporalité. Il est à noter que c'est bien le même sujet qui se modifie en passant d'une conscience non thétique à une conscience thétique de soi : « Celui qui réfléchit sur moi, ce n'est pas je ne sais quel pur regard intemporel, c'est moi, moi qui dure, engagé dans le circuit de mon ipséité, en danger dans le monde, avec mon historicité. »[20] Ainsi le *réflexif* est bien le *réfléchi* à condition de rester sur le mode du pour-soi qu'il est originairement.

Il est cependant difficile d'atteindre cette réflexion pure. Le sujet réflexif a spontanément tendance de constituer le réfléchi en objet transcendant et d'adopter sur lui-même le point de vue d'autrui. Il croit alors rejoindre son moi véritable et devenir « tel qu'en lui-même enfin l'éternité le change »[21]. Pour Sartre, cette recherche de son moi véritable est une illusion. « La réflexion est impure lorsqu'elle se donne comme 'intuition du pour-soi en en-soi'. »[22] Ce qui se dévoile dans cette réflexion, c'est la vie psychique comme série d'états qui s'appellent les

17. *Les pratiques du moi*, p. 32-33.
18. *Ibid.*, p. 33, note 1. Citation de *L'Être et le Néant*, Paris, Gallimard, 1943, p. 119.
19. Sartre écrit « conscience (de) soi » pour désigner la conscience préréflexive et « conscience *de* soi » pour désigner la conscience réflexive.
20. *L'Être et le Néant*, p. 199. En attribuant la réflexion à un moi engagé dans la temporalité, Sartre corrige le caractère impersonnel de la réflexion, soutenu dans *La transcendance de l'ego*. Mais il maintient que l'*Ego* est un en-soi transcendant, qui n'est pas de l'ordre de la conscience. Cf. *Les pratiques du moi*, p. 128, note 2.
21. *L'Être et le Néant*, p. 96. On aura reconnu le premier vers du *Tombeau d'Edgar Poe* de Mallarmé.
22. *L'Être et le Néant*, p. 208.

uns les autres. Ce faisant, le sujet se constitue comme *Ego*, ou comme Moi doté de qualités, auquel s'applique à la lettre la parole de Rimbaud : « Je est *un autre* »[23]. Sartre prétend que Bergson est tombé dans cette réflexion impure en décrivant la durée du moi comme une multiplicité d'interpénétration. En effet, « pour qu'il y ait interpénétration, il faut qu'il y ait des parties qui s'interpénètrent. Seulement ces parties qui, en droit, devraient retomber dans leur isolement, se coulent les unes dans les autres par une cohésion magique totalement inexpliquée »[24]. Larmore proteste contre cette critique car Bergson n'a eu de cesse de dénoncer la psychologie associationniste qui fait des états mentaux des entités isolées agissant les unes sur les autres. Et c'est pour s'opposer à cette conception qu'il parle de la durée comme une multiplicité d'interpénétration. « En vérité, Bergson entendait exclure par cette notion précisément ce que Sartre y veut lire. »[25] Larmore estime donc légitime d'affirmer que « Bergson et Sartre ont voulu, chacun à sa manière, mettre en évidence que le moi n'existe que dans et par l'effort pour se constituer comme moi. »[26]

Mais si Bergson et Sartre ont rejeté une conception chosiste de la conscience, c'est parce qu'ils estimaient, l'un et l'autre, que la réflexion cognitive sur le moi était fatalement déformante. Sur ce point, Larmore marque son désaccord. Il admet que la réflexion cognitive peut conduire le sujet à se poser illusoirement comme un être en-soi, coïncidant parfaitement avec lui-même, mais il remarque que ce n'est pas toujours le cas. « La réflexion cognitive n'est pas aussi détachée des racines de notre être que [Bergson] et Sartre la supposent. [...] Au contraire, la structure que prend la connaissance de soi témoigne elle-même, si l'on sait bien y regarder, de la nature essentiellement pratique du moi. »[27] En effet, dans la réflexion cognitive, le sujet se divise pour se prendre lui-même comme objet : il examine ses raisons d'agir comme un autre pourrait le faire à sa place. Cette réflexion « ne perd pas pour autant la marque de ce que nous sommes au fond de notre être »[28]. Elle nous fait découvrir les normes que nous nous sommes engagés à respecter et nous permet, de la sorte, de contrôler notre engagement. La réflexion cognitive fait dès lors partie du projet pratique. Sartre n'aurait sans doute pas accepté une telle conception car, pour lui, c'est la liberté qui se donne ses normes et non la connaissance réflexive. Mais Larmore remarque : « Aucune pensée cohérente n'est possible qui ne se règle pas en dernière instance sur des exigences censées avoir une autonomie indépendante »[29]. Nous reviendrons plus tard, et à plusieurs reprises, sur cette réhabilitation de la réflexion cognitive en montrant plus précisément comment elle peut se mettre au service du projet pratique.

---

23. *La transcendance de l'ego*, 1936, rééd. Paris, Vrin, 1981, p. 78. Cité dans *Les pratiques du moi*, p. 126. La formule de RIMBAUD vient des *Lettres du voyant*, publiées en 1912.
24. *L'Être et le Néant*, p. 214.
25. *Les pratiques du moi*, p. 127, note 2.
26. *Ibid.*, p. 132.
27. *Id.*
28. *Ibid.*, p. 133.
29. *Ibid.*, p. 134.

Mais, auparavant, il convient d'examiner le danger réel de cette réflexion qui semble permettre au sujet de saisir son moi véritable. C'est la question de savoir s'il est possible d'être parfaitement sincère, ou authentique, envers soi-même.

2. SINCÉRITÉ ET AUTHENTICITÉ

Un des lieux favoris de la philosophie française est de dénoncer l'illusion du moi véritable. « Le sot projet qu'il a de se peindre »[30], déclarait déjà Pascal à propos de Montaigne. Pour développer ce thème, Larmore prend comme fil conducteur les remarques ironiques que Valéry adresse au culte du *naturel* préconisé par Stendhal. Une première remarque est que la volonté de sincérité totale envers soi-même conduit à la contradiction. « Je perçois le projet d'être soi, déclare Valéry, d'être vrai jusqu'au faux. Le vrai que l'on favorise se change par là insensiblement sous la plume dans le vrai qui est fait pour paraître vrai. »[31] On joue alors la comédie de la sincérité. La Rochefoucauld l'avait déjà observé de manière lapidaire : « Rien n'empêche tant d'être naturel que l'envie de le paraître. »[32]

Cette première critique est reprise et amplifiée par Sartre qui se réfère explicitement à Valéry : « On peut devenir de mauvaise foi à force d'être sincère. [...] La sincérité totale et constante comme effort constant pour adhérer à soi est, par nature, un effort constant pour se désolidariser de soi »[33]. Sartre reconnaît que je peux parfaitement être sincère lorsque je m'examine au passé et que j'avoue avoir eu tel sentiment ou telle intention. Mais « la sincérité qui se vise dans l'immanence présente » a pour but de « faire que je m'avoue ce que je suis pour qu'enfin je coïncide avec mon être », bref de « faire que je sois sur le mode de l'en-soi » ce que je suis sur le mode du pour-soi[34]. Ainsi, le sujet admet sa facticité en reconnaissant ses qualités et ses défauts, ce qui constitue une manière de les transcender, mais, par ailleurs, comme il s'identifie à ses traits caractéristiques, il transforme sa transcendance en facticité. La volonté de sincérité devient alors une forme de *mauvaise foi*, une manière pour le sujet de supprimer la distance qu'il entretient avec lui-même. L'autre forme de mauvaise foi est celle du conformiste qui simule sa transcendance en s'abandonnant à sa facticité. Sartre illustre son propos en décrivant la conduite de la coquette qui joue à l'indifférente tout en se laissant caresser la main par son séducteur ou le comportement du garçon de café qui joue avec virtuosité au garçon de café sans se rendre compte que, ce faisant, il s'identifie à son rôle. Dans tous les cas — que ce soit dans la volonté de sincérité ou dans le conformisme — le sujet échange son être pour-soi avec son être pour autrui.

---

30. *Pensées*, § 653, in PASCAL, *Œuvres complètes*, t. 2, éd. Le Guern, Paris, Gallimard (La Pléiade), 2000.
31. Cité dans *Les pratiques du moi*, p. 18. Renvoi à P. VALÉRY, « Stendhal », in *Œuvres complètes*, t. 1, Paris, Gallimard (La Pléiade), 1957, p. 570.
32. *Les pratiques du moi*, p. 19. L'auteur se réfère aux *Maximes*, § 431.
33. *Les pratiques du moi*, p. 38. Renvoi à *L'Être et le Néant*, p. 105-106.
34. *L'Être et le Néant*, p. 106.

Mais le projet d'être sincère envers soi-même est-il aussi contradictoire que ne le disent Sartre et Valéry? Larmore ne partage pas cette opinion. Il admet certes que le projet de coïncider avec soi-même par la réflexion cognitive est voué à l'échec car le sujet reste toujours à distance de lui-même, partagé qu'il est entre sa transcendance et sa facticité. Il n'empêche que ce sujet est un être en projet, qui cherche à être ce qu'il a à être. Ce projet — on l'a signalé plus haut — passe par un moment de réflexion cognitive qui fait intervenir le point de vue d'autrui. Sartre semble considérer que ce recours à autrui représente une aliénation fatale. Larmore exprime son désaccord en utilisant une formule provocante : « L'aliénation n'est pas un mal en soi. »[35] En effet, si on admet que le sujet n'atteint pas d'emblée son projet de liberté, il faut bien admettre qu'il a à s'expliquer, pour lui-même et pour autrui, ses raisons d'agir. Il peut ainsi y avoir une forme de sincérité envers soi-même qui, tout en passant par une phase d'objectivation du moi, maintient la distance du moi à lui-même. Cette volonté n'est donc pas nécessairement contradictoire.

Valéry émet une autre objection à l'encontre de la recherche du naturel, tant vantée par Stendhal. Cette recherche d'un moi véritable, à l'abri de toute *vanité* sociale, est impossible pour la bonne raison qu'il n'y a pas moyen de distinguer le naturel du conventionnel. « Croit-on que même l'amour, s'exclame Valéry, ne soit pas pénétré de choses apprises, qu'il n'y ait pas de la tradition jusque dans les fureurs et les émois et les complications de sentiments et de pensées qu'il peut engendrer? »[36] Larmore commence par renforcer cette objection en avançant une remarque piquante. Stendhal présente comme exemple de passion spontanée l'amour de Paolo et de Francesca décrit par Dante. Mais le baiser que donne Paolo à Francesca surgit lors d'une lecture du roman de Lancelot et Guenièvre, précisément lors du passage où les amants, réunis grâce à leur ami Galehaut, s'embrassent pour la première fois. Or, curieusement, Stendhal omet de citer le vers célèbre où Dante met en relief le caractère emprunté de cet amour en faisant dire à Francesca : « Galeotto fu il libro e chi lo scrisse »[37]. Ainsi, semble-t-il, il n'y a pas de conduite qui ne soit motivée par l'imitation d'un modèle. La Rochefoucauld l'avait déjà remarqué : « Il y a des gens qui n'auraient jamais été amoureux s'ils n'avaient jamais entendu parler de l'amour. »[38]

Larmore prolonge cette critique en recourant à la théorie du *désir triangulaire* de Girard[39]. Pour Girard, le sujet ne désire pas spontanément l'objet de son désir. Cet objet lui est toujours désigné par un autre – un médiateur – et c'est en réalité cet autre que le sujet cherche à être

35. *Les pratiques du moi*, p. 8.

36. *Ibid.*, p. 16. Renvoi à VALÉRY, *Œuvres complètes*, t. 1, p. 570.

37. « Notre Galehaut [Geleotto] fut le livre et celui qui l'écrivit », Dante, *L'Enfer* (chant V). Cité dans *Les pratiques du moi*, p. 17. La couverture du livre reproduit le tableau de Ingres, *Francesca et Paolo*, du Musée des Beaux Arts d'Angers. Le peintre a représenté un petit livre tombant de la main droite de Francesca.

38. *Les pratiques du moi*, p. 58. Référence aux *Maximes*, § 136.

39. R. GIRARD, *Mensonge romantique et vérité romanesque* Paris, Grasset, 1961, ré-éd. Le Livre de Poche, 1978.

en poursuivant l'objet du désir, lequel disparaît rapidement au second plan. Le médiateur peut être *externe*, comme dans le cas du Don Quichotte qui règle ses désirs sur l'Amadis de Gaule afin de devenir un parfait chevalier. Mais ce médiateur peut être aussi *interne*, comme c'est souvent le cas à l'époque moderne qui connaît la disparition des modèles transcendants. Le médiateur devient alors un proche dont le sujet fait, à tort ou à raison, son rival. Pour Girard, la croyance au désir spontané est le mensonge *romantique* tandis que la vérité *romanesque* est celle des grands écrivains — Stendhal, Flaubert, Proust, Dostoïevski — qui ont repéré la présence du double au cœur de tout désir et dénoncé les ravages provoqués par la médiation interne. Ces ravages sont ce que Stendhal appelle « les sentiments *modernes*, fruits de l'universelle vanité : 'l'envie, la jalousie et la haine impuissante' »[40].

Qu'en est-il dès lors de l'opposition entre passion et vanité mise en avant par Stendhal ? Girard estime que cette distinction n'appartient qu'à la première période de l'auteur. Son succès vient de ce qu'elle semble anticiper l'opposition gidienne du moi naturel et du moi social. « Le Stendhal dont parlent les critiques, et en particulier Paul Valéry [...] est ce Stendhal 'gidien' de jeunesse. [...] Ce premier Stendhal qui triompha à la fin du XIXe et au début du XXe siècle nous propose un contraste entre l'être spontané qui désire intensément, et le sous-homme qui désire faiblement en copiant les *Autres*. »[41] Dans ses œuvres de maturité, au contraire, l'écrivain attribue toujours l'intensité du désir à l'imitation du rival et non plus au naturel. Si le lecteur ne s'en rend pas compte d'emblée, c'est en raison de la proximité du rival mais aussi « parce que le héros de la médiation interne, loin de tirer gloire [...] de son projet d'imitation, le dissimule soigneusement »[42]. Ainsi, dans *Le Rouge et le Noir*, Julien Sorel désire toujours selon l'autre, il se réfléchit dans et par l'autre. Et lorsque son jeu est démasqué, il est affreusement outragé et commet l'acte irréparable : il tire sur Mme de Rênal. Son seul rachat est l'espèce de bonheur silencieux qu'il connaît en prison avant son exécution.

Larmore estime que Girard rejoint l'affirmation de Pascal : « Nous voulons vivre dans l'idée des autres d'une vie imaginaire, et nous nous efforçons pour cela de paraître. »[43] À ses yeux, cependant, la position de Girard souffre de certaines limites. Tout se passe, chez ce dernier, comme si l'imitation d'un modèle (réel ou fictif) était le seul ressort de la conduite humaine. Mais Larmore estime que nous ne sommes pas toujours mus par l'imitation. La conduite d'un chacun selon son *naturel*,

40. *Ibid.*, p. 28.
41. *Ibid.*, p. 34.
42. *Ibid.*, p. 24. Pour Larmore, la critique de Girard va trop loin. Il estime, en effet, qu'une place reste possible, chez Stendhal, pour le *naturel*, à condition que celui-ci ne soit pas le fruit d'un calcul réfléchi.
43. *Les pratiques du moi*, p. 63. Référence aux *Pensées*, éd. Sellier, § 653 (éd. Le Guern, § 662). On pourrait également voir du Sartre chez Girard. Ce dernier témoigne en effet d'une certaine admiration pour le philosophe : « Les analyses du rôle de l'autre dans ce que Sartre appelle 'le projet' – le garçon de café dans *L'Être et le Néant* – les analyses de la mauvaise foi, de la coquetterie, sont merveilleuses à mes yeux. C'est très proche du désir mimétique. », R. GIRARD, *Quand ces choses commenceront...*, Paris, Arléa, 1994, p. 162-163.

préconisée par Stendhal, n'est pas chose impossible dans la vie quoti-
dienne qui ne demande pas une réflexion soutenue. Par ailleurs, même
lorsque nous recourons à la réflexion, nous ne développons pas nécessairement une attitude conformiste, surtout quand nous nous référons
à des normes objectives. Sans doute, on peut concéder que l'imitation
joue un rôle, même quand nous invoquons l'universel. « Dans tout acte
de réflexion cognitive, visant à déterminer ce qu'il faut penser ou faire,
nous nous identifions à une autre qui fait autorité, fût-ce à notre image
de l'homme raisonnable »[44]. Mais pourquoi le recours à la raison, surtout lorsqu'il s'accompagne de la discussion, nous mettrait-il forcément
sous la coupe d'autrui ? Ce recours, il faut bien l'admettre, peut nous
aider à assumer notre point de vue de manière plus réfléchie. Cette
critique, on le voit, rejoint par un autre biais celle adressée à Sartre qui
estimait, lui aussi, que le passage par la réflexion cognitive nous rendait
fatalement dépendant d'autrui.

Intermède

Marquons ici un temps d'arrêt pour faire le point et apporter certains compléments. Nous avons vu que Larmore fait dépendre la découverte du moi de la réflexion pratique sans pour autant rejeter tout
recours à la réflexion cognitive. Ce qu'il refuse, c'est la possibilité pour
cette réflexion cognitive d'atteindre un moi tout fait, préexistant au
sujet et que celui-ci n'aurait qu'à retrouver. Selon lui, en effet, le moi ne
se dévoile qu'au sujet qui se fait, selon l'expression de Bergson, ou qui
se projette vers ce qu'il a à être, selon l'expression de Sartre. Il reste
cependant à préciser les rôles respectifs de la réflexion pratique et de la
réflexion cognitive dans la découverte du moi. Avant d'examiner les
indications de réponses fournies par l'auteur dans la suite de son ouvrage, nous voudrions cependant introduire quelques remarques concernant la réflexion dans la philosophie française.

Une première remarque est reprise à Blondel. Le philosophe invite à
dépasser une approche simplement psychologique de cet acte. On peut
sans doute admettre que la réflexion constitue un repliement du sujet
sur lui-même provoquant une inhibition plus ou moins durable. D'où le
thème, fréquemment traité, de la sûreté de l'instinct opposée aux hésita-
tions de l'intelligence. Blondel estime toutefois que la réflexion est d'un
autre ordre que les forces psychologiques car elle constitue une initiative originale, une force supérieure :

> « Et cette force s'applique ou s'oriente dans deux directions symétrique-
> ment inverses. Tantôt en effet elle vise les conditions antécédentes et effi-
> cientes du fait de conscience ou de la réalité donnée qui est l'objet de son
> étude et qu'elle rattache à des idées générales ou des lois ; et c'est une *ré-
> trospection* analytique. Tantôt elle se porte pour ainsi dire en avant vers
> l'intention et la réalisation finale, concrète et singulière qui est le terme pra-
> tique de son mouvement complexe et total ; et c'est une *prospection* synthéti-
> que. »[45]

44. *Les pratiques du moi*, p. 66.
45. Observation au mot « Réflexion », sens B, dans le *Vocabulaire* de Lalande.
Cette observation, parue en 1914, condense les indications du *Point de départ de la
recherche philosophique*, 1906, sans plus restreindre cependant le terme réflexion à la

Le philosophe ajoute que le mot *réflexion* s'applique aussi bien à la rétrospection qu'à la prospection[46], car ces deux démarches de sens opposé sont également nécessaires à l'homme pour élucider le sens de son existence. Le texte que nous venons de citer se situe dans un débat qui a divisé la philosophie française au tournant des XIXe et XXe siècles et s'est prolongé bien au-delà. La discussion mettait en jeu des questions très semblables à celles qui nous occupent actuellement : la réflexion est-elle exclusivement intellectuelle ou bien y a-t-il une autre réflexion accompagnant l'action? Rappelons les grandes lignes de ce débat.

Deux courants se dessinent en France à la fin du XIXe siècle en réaction contre le positivisme. Le premier courant met en avant l'*analyse réflexive*. Il s'agit de s'interroger, dans un style kantien, sur les conditions de possibilité de la conscience de soi et du monde, en évitant soigneusement de réduire la conscience à des états psychiques relevant d'une causalité naturelle. C'est ainsi que les principaux représentants de ce courant — Lachelier, Lagneau, Brunschvicg — s'en tiennent strictement aux actes que l'intelligence pose dans son immanence et se méfient des philosophes de la vie ou de la volonté qui leur semblent sombrer dans l'irrationnel. Nous verrons que l'analyse réflexive a évolué ultérieurement en ne s'orientant plus seulement vers l'universel, mais aussi vers le moi concret. Les philosophes qui ont développé cette orientation — Nabert et Ricœur — sont toutefois restés fidèles à l'analyse réflexive et ont marqué leur opposition au second courant de la philosophie française, celui de l'intuition ou de l'engagement.

Ce second courant est initialement représenté par Bergson qui accorde au sujet l'intuition du moi que Kant lui refusait. Cette intuition ne s'oppose pas à la réflexion (car l'auteur reconnaît qu'elle demande un effort soutenu d'attention), mais bien à l'analyse rétrospective ou à l'intelligence par concepts. Cette intelligence n'est qu'un pis-aller car elle étale le moi et les choses dans un espace quantitatif et ne rejoint jamais les synthèses qualitatives dans leur originalité[47]. Sartre prolonge, d'une certaine manière, ce courant en se ralliant à la réflexion pure que le sujet réalise de son être pour-soi et en condamnant la réflexion impure par laquelle il se transforme en un être en-soi. En fait, Sartre prolonge moins Bergson qu'il ne le rejoint indirectement en s'opposant à Brunschvicg. Chez Brunschvicg, en effet, la conscience absorbe les choses dans son immanence et elle abandonne son individualité au profit de la raison impersonnelle. Chez Sartre, au contraire, la con-

---

seule rétrospection. Sur l'article, cf. M. BLONDEL, *Œuvres complètes*, t. 2, Paris, PUF, 1997.

46. *Vocabulaire* de Lalande au mot « Prospection ». L'observation ajoutée par Blondel en bas de page signale expressément : « La prospection, comme la rétrospection, comporte une attention, une réflexion *sui generis* et ne doit pas être confondue avec la spontanéité ou l'élan des actes directs ».

47. On a souvent situé Blondel dans le sillage de Bergson. Mais le philosophe de l'action a toujours admis la nécessité d'une réflexion rétrospective pour élucider le contenu de la prospection, ce qui l'éloigne radicalement du philosophe de l'intuition. La position de Blondel nous semble, en réalité, proche de celle de Nabert et de Ricœur, même si, historiquement, les auteurs sont restés distants les uns des autres.

science s'éclate vers le monde et elle affirme sa singularité dans ce mouvement de transcendance. Ce n'est d'ailleurs pas un hasard si le philosophe s'inspire de la compréhension existentielle mise en avant par Heidegger et s'écarte du *cogito* transcendantal husserlien.

Le but de cette parenthèse était de replacer les questions traitées dans un cadre historique plus général. On aura remarqué que Larmore cherche à synthétiser les deux courants qui viennent d'être évoqués : dans la découverte du moi, il accorde le primat à la réflexion pratique tout en reconnaissant que la réflexion cognitive y joue également un rôle. Voyons plus précisément comment s'articulent ces deux réflexions.

3. LE RÔLE DE LA RÉFLEXION COGNITIVE

Larmore ne considère pas la réflexion comme un mal en soi et il est loin de s'écrier avec Rousseau : « L'état de réflexion est un état contre Nature et l'homme qui médite est un animal dépravé. »[48] Sans doute, reconnaît-il, on ne réfléchit pas pour le plaisir : c'est toujours par un acte second que l'on revient à la conscience d'abord engagée dans le monde des choses, et ceci vaut tant pour la réflexion cognitive que pour la réflexion pratique :

> « On est amené à faire retour sur soi par l'irruption d'un doute qui [...] dérange l'habitude. Lorsqu'il s'agit de la réflexion pratique, c'est l'assurance dont on serait prêt à souscrire à ses convictions qui est en question. La réflexion cognitive, en revanche, naît d'un doute portant sur la nature ou la justification de ses convictions, doute qu'il convient de résoudre par une meilleure compréhension de celles-ci. Dans chacune de ses formes, la réflexion se conçoit donc comme la réponse à un problème. »[49]

Le sujet qui réfléchit est amené à s'interroger sur les normes de son action. Mais il faut bien voir pourquoi et en quel sens. Pour Larmore, l'être humain est fondamentalement un être *normatif* et ce caractère a été reconnu par Sartre lorsqu'il a vu dans l'homme « un être qui a à être ». Le malheur est que Sartre a cru bon d'éliminer toute justification de l'action par des normes rationnelles. Larmore, on l'a déjà dit, n'est pas d'accord avec Sartre sur ce point. Nous sommes fondamentalement des êtres normatifs, « non simplement parce que nous nous trouvons partout soumis à des normes, mais parce que nous ne pouvons avoir la moindre idée de ce que c'est que penser ou agir, si nous ne tenons pas compte des normes (intellectuelles et pratiques) que nous sommes engagés à respecter. Nous ne sommes sujets que dans l'espace des raisons. »[50] Par ailleurs, « notre rapport à nous-mêmes ne se limite [...] pas aux engagements qui sont implicites dans nos croyances et désirs por-

---

48. *Les pratiques du moi*, p. 91. Citation du *Discours sur l'origine et les fondements de l'inégalité parmi les hommes*, in J.-J. ROUSSEAU, *Œuvres complètes*, t. 3, Paris, Gallimard (La Pléiade), 1964, p. 138.

49. *Les pratiques du moi*, p. 120.

50. *Ibid.*, p. 133.

tant sur le monde »[51]. Il nous arrive de douter de nos engagements et il est inévitable que nous nous interrogions sur eux.

La réflexion cognitive a un rôle à jouer dans cette explicitation et elle fait partie, de la sorte, du projet pratique du moi. « On tient fixe ce qu'on a observé de ses paroles ou de ses gestes, voyant dans l'identification de ce qu'on s'est engagé à être l'élément problématique. Ainsi s'emploie-t-on à découvrir les croyances ou désirs qui sont les siens, ou bien à corriger la conception qu'on en a déjà. »[52] Le sujet, dans ce cas, s'objective en quelque sorte, il s'étudie lui-même comme un autre. Larmore se rallie ici à Ricœur soulignant que la réflexion n'est pas une *intuition*, mais une *interprétation*, c'est-à-dire une herméneutique de soi[53]. Il faut noter que cette conception rend possible l'accès du sujet à d'autres sujets, ce qu'interdit la conception d'une conscience enfermée dans ses représentations. Dans la ligne herméneutique, en effet, le moi individuel n'occupe pas une position privilégiée. Il peut même arriver que les autres interprètent nos comportements mieux que nous ne le faisons nous-mêmes, ce qui faisait dire à Proust : « Nous ne connaissons jamais que les passions des autres, et ce que nous arrivons à savoir des nôtres, ce n'est que d'eux que nous avons pu l'apprendre. »[54]

Ricœur déclare tenir de Nabert cette conception d'une conscience qui doit s'interpréter dans les signes qu'elle pose en agissant[55]. Or, curieusement, Larmore reproche au penseur de n'avoir pas « marqué la distinction entre réflexion cognitive et pratique »[56]. Il nous semble nécessaire de corriger ce jugement, car Nabert pose les jalons, non seulement d'une conception herméneutique, mais aussi d'une application de la réflexion à l'action. Pour le philosophe, la réflexion apparaît comme un moment dans la réappropriation de soi, moment qui survient dans l'incertitude du sujet concernant ses croyances et ses désirs. Le choc salutaire provoqué par le doute ne doit cependant pas conduire le sujet à quitter le domaine de l'intelligence pour se réfugier dans une intuition ou un choix sans justification, il doit provoquer, au contraire, un repli de l'intelligence sur elle-même, une analyse réflexive. « Le propre de la réflexion ainsi comprise, c'est de toujours considérer l'esprit dans ses actes et dans ses productions, pour s'en approprier la signification, et, d'abord, essentiellement, dans l'acte initial par lequel le sujet s'assure de soi, de son pouvoir, de sa vérité. »[57]

L'analyse réflexive, signale Nabert, s'est engagée dans deux directions différentes mais qui ne sont pas, à son avis, exclusives l'une de l'autre. Elle a cherché tantôt à établir les conditions de possibilité de

51. *Ibid.*, p. 122.

52. *Ibid.*, p. 124.

53. *Ibid.*, p. 124, note 1. Référence à P. RICŒUR, *De l'interprétation*, Paris, Seuil, 1965, p. 52-57.

54. *Les pratiques du moi*, p. 182. Renvoi à M. PROUST, *Du côté de chez Swann*, Paris, Gallimard (Folio), 1988, p. 127.

55. *De l'interprétation*, p. 52.

56. *Les pratiques du moi*, p. 120, note 2.

57. J. NABERT : « La philosophie réflexive ». Article paru dans l'*Encyclopédie française*, 1957, et reproduit in *L'expérience intérieure de la liberté et autres essais de philosophie morale*, Paris, PUF, 1994. Citation, p. 399.

l'expérience vraie, dans la ligne de Kant, tantôt à approfondir l'intimité du moi, dans la ligne de Maine de Biran. La première direction de l'analyse réflexive a été longtemps dominante. L'auteur concède que ces philosophes ont davantage considéré le sujet dans son rapport à l'universel. Mais « entre le sujet de la pensée qui est unité pure et l'individu lié à un organisme et solidaire de l'univers, quelle place y a-t-il pour un moi qui aurait un statut propre ? »[58] La réponse donnée par les premiers partisans de l'analyse réflexive semblait trop négative en demandant au moi individuel de s'effacer devant l'universel. On comprend dès lors que « la poussée des expériences existentielles a conduit à une dépréciation de l'analyse réflexive comme trop entachée d'intellectualisme »[59].

Nabert, en conséquence, estime opportun de développer l'autre direction de l'analyse réflexive, celle issue de Maine de Biran, et qui se tourne vers le moi singulier. La philosophie réflexive est, selon Nabert, « apte à s'approprier les expériences plus concrètes dont la destinée du moi est solidaire »[60]. L'auteur cite à ce propos certains travaux cherchant à interpréter les symboles des mythes ou à retrouver les indices de la liberté jusque dans l'inconscient. « Par de tels travaux devient manifeste la complémentarité de l'analyse réflexive appliquée à l'ordre du connaître et de l'analyse réflexive appliquée au domaine de l'action. »[61] Les écrits de Nabert témoignent eux-mêmes de cette attention à l'action concrète. « Loin d'ignorer que l'esprit, dans tous les ordres doit, d'abord, œuvrer, se produire dans l'histoire et dans une expérience effective pour saisir ses possibilités les plus profondes, l'analyse réflexive révèle toute sa fécondité en surprenant le moment où l'acte spirituel s'investit dans le signe qui risque aussitôt de se retourner contre elle. »[62] Il nous semble possible de rapprocher cette analyse réflexive appliquée à l'action préconisée par Nabert de la réflexion pratique mise en avant par Larmore. Ce sera notre dernier point.

4. La nature de la réflexion pratique

Rappelons tout d'abord comment Larmore définit les rôles respectifs de la réflexion cognitive et de la réflexion pratique. Dans la réflexion cognitive, nous nous interrogeons sur la validité des raisons qui nous permettent de justifier notre engagement. Pour ce faire, nous nous interprétons comme pourrait le faire un autre à notre place. Dans la réflexion pratique, en revanche, nous nous interrogeons sur notre engagement même et nous sommes les seuls à pouvoir décider si cet engagement est bien le nôtre. Ces deux réflexions — Larmore est le premier à le reconnaître — sont proches l'une de l'autre et elles interfèrent souvent dans l'interprétation que le moi donne de lui-même. Il reste que la réflexion pratique possède un privilège par rapport à la réflexion cogni-

---

58. *Id.*
59. *Ibid.*, p. 404.
60. *Id.*
61. *Ibid.*, p. 406. Nabert cite les travaux de Ricœur comme allant dans ce sens.
62. *Ibid.*, p. 407.

tive car elle exprime le projet du moi en première personne et non en troisième personne.

Larmore insiste longuement sur ce privilège de la réflexion pratique. En effet, pas plus que le projet qu'elle explicite la réflexion pratique ne relève de l'ordre de la connaissance qui implique toujours une division du sujet et de l'objet. En raison de cette division, les tentatives pour définir la conscience de soi en termes de *savoir* sont toutes vouées à l'échec. Pour parer à ce danger, on ne peut invoquer une intuition immédiate, comme Bergson, ni non plus une connaissance sans observation, comme Anscombe. Quelle est alors la nature de la conscience pratique de soi et de la réflexion qui l'explicite ? Pour Larmore, c'est Ricœur qui a réussi « à démystifier toute cette problématique »[63]. Le rapport que nous avons à nous-mêmes dans la réflexion pratique « consiste en ce que nous prenons position et signalons comment nous nous proposons de nous comporter à l'avenir »[64]. Le registre de ce discours est celui de l'*attestation* et non de la *description*. « En avouant que je crois et que je veux ceci ou cela, je ne décris rien, j'atteste mon engagement à respecter les implications de ce que je déclare croire ou désirer. »[65]

Il nous semble intéressant de relier ces propos à ceux de Nabert (d'autant plus que Ricœur reconnaît sa dette vis-à-vis de son prédécesseur). Pour Nabert, le choix libre que chacun est amené à poser dans sa vie, ne consiste pas en une décision brusque qui serait ensuite portée par le déterminisme de la nature et de la société. Ce *choix originaire* (comme il l'appelle) inaugure une série d'autres actes de volonté qui le renouvellent constamment. « La fonction de la croyance à la liberté consiste ici à ressaisir, dans cette multiplicité de volitions, l'option qui les domine. Ainsi se crée la personnalité. Un acte, sans doute, en décide, mais ne conquiert pour nous tout son sens qu'autant qu'il peut nous apparaître comme le thème présent sous les initiatives nouvelles qui en maintiennent et en prolongent l'efficace. »[66]

Nabert souhaiterait que les œuvres littéraires fournissent un commentaire vivant d'une telle conception de la liberté s'approfondissant dans une série d'autres actes libres qui la renforcent. Il constate que malheureusement le roman et le théâtre ne présentent que des personnages vaincus par le destin. Tout se passe comme si la littérature avait adopté le postulat du déterminisme. « Les romanciers ont préféré descendre la pente d'une personnalité progressivement défaite par le jeu des passions, au lieu de nous montrer la liberté s'insinuant dans la vie et la transformant. »[67] Un seule texte fait exception aux yeux du philosophe : *La Princesse de Clèves* de Mme de La Fayette. « Le réalisme d'un caractère s'y concilie avec la libre inspiration d'une décision qui engage toute une vie et se renouvelle à travers une suite d'actes, en vérifiant sa profondeur sur les idées morales par lesquelles elle se justifie ou

---

63. *Les pratiques du moi*, p. 172.

64. *Id.*

65. *Ibid.*, p. 173. L'auteur renvoie à P. RICŒUR, *Soi-même comme un autre*, Paris, Seuil, 1990, p. 92.

66. *L'expérience intérieure de la liberté*, p. 168. Il s'agit de la thèse principale de Nabert, datant de 1924.

67. *Ibid.*, p. 169. (Dans la longue note qui occupe les p. 168 à 170).

s'explique et sur les résistances psychologiques et affectives qu'elle suscite. »[68]

Cette déclaration très dense appelle un commentaire. Tout s'ordonne, dans le roman, autour de l'aveu que Mme de Clèves fait à son mari de son penchant pour M. de Nemours. Sur le moment, la princesse fait cet aveu pour résister à son attachement naissant. Mais elle « s'épouvante » aussitôt de sa décision car elle devine qu'elle va provoquer la jalousie de son mari et renforcer le désir du duc de Nemours, ce qui ne manque pas d'arriver. L'aveu de Mme de Clèves est-il fait en toute lucidité? Non, répond Nabert : « Par l'aveu qu'elle fait de ses sentiments, pour y mieux résister, la princesse s'engage dans la plus grave des résolutions, sans en avoir eu, si l'on peut dire, le dessein. »[69] Ainsi, le choix de Mme de Clèves n'est pas initialement posé en toute connaissance de cause. Il n'est cependant pas non plus le résultat d'un déterminisme psychologique. La princesse en effet se rend immédiatement compte des dangers auxquels sa décision l'expose. Comment dès lors comprendre ce choix? Il s'agit d'un acte premier – répond Nabert – qui contient déjà une âme de liberté mais que les actes ultérieurs de l'héroïne, posés à l'occasion de circonstances imprévues, sont susceptibles de confirmer ou de remettre en question. Tout le génie du roman réside dans le fait qu'il réussit à tenir le lecteur en haleine sur l'issue du conflit qui habite la princesse. Rien ne lui est épargné et pourtant elle maintient, envers et contre tout, sa décision de ne pas céder au duc de Nemours, même après la mort de son mari. Certes, Mme de Clèves fortifie sa résolution par des réflexions sur ses sentiments et ses devoirs. Mais, ce ne sont pas ces réflexions qui, pour Nabert, justifient la décision première, c'est, au contraire, celle-ci qui s'enrichit de tous les actes réfléchis dans lesquels elle se répète et s'approfondit.

On pourrait se demander, dans une perspective sartrienne, si la fidélité de la princesse à sa résolution première n'est pas finalement une forme de mauvaise foi. Le but de la conduite de Mme de Clèves ne consiste-t-il pas, en effet, à s'identifier au personnage de femme vertueuse qu'elle a décidé de choisir? En réalité, Nabert réfute d'avance une interprétation sartrienne du roman[70]. Il admet sans doute que le caractère de la princesse l'orientait dans la direction qu'elle a prise. Son aveu n'avait cependant pas été prémédité. Et, une fois posé, il déclenche une série de situations inattendues qui oblige l'héroïne à assumer son choix en dépit de toutes les difficultés rencontrées. Chez Sartre, la liberté se pose d'emblée « en bloc » mais on se demande comment elle peut se maintenir dans son authenticité. Chez Nabert, au contraire, la liberté ne se conquiert que progressivement à partir d'une série d'actes qui prolongent un choix initial mais dont le résultat n'est jamais acquis définitivement. Il s'agit d'une liberté humaine qui se cherche au milieu des

68. *Ibid.*, p. 170 (note).
69. *Id.*
70. Nous nous étonnons de voir l'excellent commentateur de Nabert, P. Naulin, se rallier à une telle interprétation. Pour lui, la princesse fait son aveu en toute lucidité, ce qui l'entraîne — ou en tout cas risque de l'entraîner — à devenir prisonnière de son personnage. Cf. *L'itinéraire de la conscience*, Paris, Aubier, 1963, p. 195-198.

compromissions toujours possibles, sans vouloir sauver à tout prix une impossible pureté. La justification de la fidélité de Mme de Clèves à son mari n'est-elle pas, en définitive, identique à celle que Montaigne donnait de son amitié pour La Boétie : « Parce que c'était lui, parce que c'était moi »[71] ?

Ces considérations nous ramènent — par un biais inattendu — à l'une des préoccupations constantes de Larmore, celle de l'authenticité. En fait, l'auteur ne considère pas l'authenticité comme la valeur suprême mais comme une valeur parmi d'autres. Et c'est à ce thème qu'il revient dans les derniers chapitres de son livre pour montrer que l'important, dans un engagement, est moins la pureté de l'intention que la volonté de réaliser cette intention. Le fil conducteur de la discussion est à nouveau la position de Sartre. La question est de savoir s'il est possible d'être bon pour autrui, ou plutôt, si cette attitude ne contient pas un piège. « En me décidant à aider un misérable qui a soif, 'je donne, déclare Sartre, de l'eau pour que le Moi soit bienfaisant'. C'est-à-dire, au lieu de penser aux besoins du misérable et à ce que je peux faire pour lui, je prends pour objet ma propre vertu. »[72] Larmore concède qu'il y a effectivement là un danger : « De l'intention de bien faire, on passe aisément à l'intention d'être bon. »[73] Mais, s'il est vrai que dans la réflexion cognitive le sujet s'évalue lui-même et s'offre à l'appréciation d'autrui, il en va tout autrement dans la réflexion pratique.

En effet, lorsque le sujet s'engage à remplir telle tâche, il ne fait pas de son moi le centre d'intérêt de l'affaire. « L'homme courageux ne cherche pas à déployer son courage, pas plus que l'homme généreux ne s'applique à être généreux. [...] Le courage consiste à soutenir une cause malgré le danger, la générosité à pourvoir aux besoins d'un autre malgré le coût. »[74] Pour le dire de manière plus générale : « L'homme vertueux n'agit pas en vue de sa propre vertu, mais pour mener à bien ce qu'il lui incombe de faire. »[75] Ceci ne signifie pas que le moi doive complètement disparaître dans les tâches qu'il entreprend afin d'éviter le piège de l'objectivation. Dans toute décision, en effet, « je m'impute comme auteur responsable de ce qui est à faire », remarque Ricœur, qui ajoute que cette imputation n'est pas un regard théorique mais constitue déjà un engagement pratique[76]. Larmore va exactement dans le même sens. Dans la réflexion pratique, « l'essentiel est qu'on se rapporte [...] à soi-même de la façon appropriée, c'est-à-dire comme au moi qu'on a seul à être. En effet, si l'on fait retour sur soi-même de cette façon éminemment personnelle, on se trouve par là même porté vers le monde et vers ce qui y mérite attention »[77].

71. MONTAIGNE, *Essais*, I, 27.
72. *Les pratiques du moi*, p. 209. Citation des *Cahiers pour une morale*, Paris, Gallimard, 1983, p. 497.
73. *Id.*
74. *Ibid.* p. 210.
75. *Id.*
76. P. RICŒUR, *Le volontaire et l'involontaire*, Paris, Aubier, 1949, p. 54 et sq.
77. *Les pratiques du moi*, p. 212.

CONCLUSION

Cette dernière remarque nous permet de dissiper une objection qui pourrait être faite au discours que nous avons tenu à la suite de Larmore. On peut estimer que ce discours s'attache trop exclusivement à la réflexion sur le moi et néglige complètement la réflexion sur le monde. Il est vrai que le thème du livre est d'élucider la nature du moi et que l'analyse de la réflexion est menée dans cette perspective. L'auteur ne manque cependant pas de signaler, à maintes reprises, que la réflexion se développe autant en direction du monde qu'en direction du moi. Mais cette réponse est insuffisante. En réalité, si on est attentif au contenu de l'ouvrage, on s'aperçoit qu'il dénonce constamment la tentative d'atteindre son prétendu moi véritable. En ce sens, Larmore invite le sujet, non pas à se replier sur soi, mais au contraire à s'ouvrir à autrui et au monde. La réflexion n'est ainsi qu'un *moment* dans le projet humain. Mais un moment décisif car il permet au sujet d'engager sa responsabilité.

RÉSUMÉ DE L'ARTICLE. — Le moment de la réflexion. Par Claude TROISFONTAINES.

L'auteur ambitionne, à travers un libre commentaire du livre du philosophe américain Ch. Larmore, « Les pratiques du moi » (2004), de fixer les apports de la pensée française des dix-neuvième et vingtième siècles au thème conceptuel de la réflexion, en particulier ceux fournis par Lachelier, Lagneau, Brunschvicg, Valéry, Bergson, Nabert, Sartre, Ricoeur, Girard.

SUMMARY OF THE ARTICLE. The moment of reflection. By Claude TROISFONTAINES.

By way of a free commentary upon the book of the American Ch. Larmore « Les pratiques du moi » (2004), the author aspires to fix the contributions of nineteenth and twentieth-century French thought to the conceptual theme of reflection, in particular those of Lachelier, Lagneau, Brunschvicg, Valéry, Bergson, Nabert, Sartre, Ricoeur, Girard.

Rev. Sc. ph. th. 90 (2006) 51-65

LES SCIENCES ET LA RÉFLEXION PHILOSOPHIQUE

par Anne FAGOT-LARGEAULT[*]

Les idées présentées ci-après sont l'écho d'un travail fait à trois[1]. Même si la signataire les teinte de son propre intérêt pour les sciences de la vie et de la santé, elles résultent d'un compagnonnage de dix années dans un séminaire de philosophie des sciences où de nombreux collègues scientifiques ou philosophes de toutes origines ont contribué à les façonner. Question préliminaire : doit-on dire « des sciences », ou « philosophie de la science » ? (l'anglais « philosophy of science » se dit au singulier, reflet d'une confiance dans l'unité de la science). Il suffira de préciser que par « les sciences » on entend ici les sciences de la nature, de l'homme et de la société, c'est-à-dire, les sciences « empiriques », laissant en marge les mathématiques. Trois hypothèses sont proposées : (1) contrairement à ce que certains philosophes ont pu suggérer, les sciences pensent ; (2) la réflexion philosophique sur les sciences est une réflexion à la fois théorique et pratique ; (3) le nouveau régime de la réflexion qui s'est imposé dans les sciences doit interroger les philosophes.

I. PHILOSOPHIE ET SCIENCE : LES SCIENCES PENSENT-ELLES ?

1. 1. *Gaston Bachelard (1884-1962)* vs. *Martin Heidegger (1889-1976)*.

Gaston Bachelard[2] croit à la « dignité philosophique » (1953, 20) intrinsèque du travail scientifique : « La science crée en effet de la philosophie » (1934, 3). Il invite les jeunes philosophes à s'instruire de ce que

---

* Professeur au Collège de France, Paris, Chaire de philosophie des sciences biologiques et médicales. Membre de l'Institut (Académie des Sciences)

1. D. ANDLER, A. FAGO-LARGEAULT, B. SAINT-SERNIN, *Philosophie des sciences*, Paris, Gallimard, 2002.

2. G. BACHELARD, *Le nouvel esprit scientifique*, Paris, Alcan, 1934, p. 3-4 ; et *Le matérialisme rationnel*, Paris, PUF, 1953, Intr. « Phénoménologie et matérialité », § VIII.

les sciences nous disent du réel, à suivre le « vecteur épistémologique »
(1934, 4) de la recherche scientifique (du rationnel au réel). Ce qu'il y a
de formateur dans cette aventure, c'est la confrontation à une double
transcendance : celle des autres, celle des faits. Devenir chimiste, par
exemple, c'est entrer dans une communauté d'esprit (la « cité culturelle
du matérialisme »), et se défaire de « l'utopie de l'individualisme du
savoir » (1953, 2-3) ; c'est aussi apprendre la nécessaire « impureté métaphysique » de la démarche scientifique (entre la paillasse et le bureau : vous raisonnez, il faut expérimenter ; vous expérimentez, il faut
raisonner) : « Par le fait que la philosophie de la science est une philosophie qui s'applique, elle ne peut garder la pureté et l'unité d'une philosophie spéculative [...] Toute application est transcendance » (1934, 3).
Bachelard disait aussi, on le sait, que « la science n'a pas la philosophie
qu'elle mérite »(1953, 20). Il déplorait que les scientifiques se contentent
trop souvent de convictions philosophiques naïves, tandis que les philosophes préfèrent se fier à une « intuition » métaphysique solitaire (irré-
futable), plutôt que de s'ouvrir à l'idée d'une « métaphysique discursive
objectivement rectifiée », c'est-à-dire, de se risquer à lancer des conjectures accessibles à la réfutation ou à la correction par des résultats de
la science. Bachelard voit la réflexion sur la science prendre sa source
dans la science même, et dans un dialogue avec elle.

Martin Heidegger juge, tout à l'opposé, que « la science ne pense pas,
et ne peut pas penser ; et même c'est là sa chance, *i.e.*, ce qui assure sa
démarche propre [...] »[3]. Ce propos a parfois été confirmé par des scientifiques (comme René Thom), pour qui il y a un âge où l'on est productif scientifiquement sans avoir le temps de réfléchir, et un âge où devenant moins productif on peut consacrer du temps à la réflexion. D'autres scientifiques (comme le chimiste Jean-Marie Lehn) tentent de conduire les deux simultanément, en exprimant la frustration de juste
ébaucher des idées philosophiques, qu'il faudrait approfondir. Mais
revenons à Heidegger. Le propos cité plus haut, volontairement
« choquant », il le complète aussitôt par un autre : « que la science cependant a toujours quelque chose à voir [...] avec la pensée », mais que
ce rapport de la science à la pensée n'est perceptible qu'après qu'on ait
découvert la faille profonde qui existe entre la pensée et les sciences, un
« gouffre » qu'aucun pont ne peut traverser : « il n'y a pas ici de pont, il
n'y a que le saut »(*ibid*, 1959, p. 26). Il est connu que Heidegger tend à
attribuer cette rupture entre science et philosophie à la dérive techno-
logique des sciences contemporaines, et au délire de puissance dont
elles sont porteuses, mais il n'est pas sûr que ses résistances ne portent
que sur la science moderne ou contemporaine (comme c'est le cas, par
exemple, pour Hans Jonas), car le leitmotiv du cours (semestre d'hiver
1951-52) est : « l'homme tel qu'il a été jusqu'ici a trop agi et trop peu
pensé » (*ibid.*, p. 95). Agir empêche de penser : une remarque de tonalité
bergsonienne. Apprendre à penser, c'est d'abord suspendre la visée
d'efficacité. Notons que pour Heidegger, faire de la philosophie ne signifie pas non plus automatiquement qu'on pense (*ibid*, p. 23). On peut
publier beaucoup et penser peu. Selon le cours du semestre d'été 1952

3. M. HEIDEGGER, *Was heisst denken?*, 1954, I, 1 ; tr. fr. A. Becker & G. Granel,
Qu'appelle-t-on penser? Paris, PUF, 1959 (Cours du semestre d'hiver 1951-52), p. 27.

(déroutant par son caractère très linguistique, centré sur la généalogie des mots), penser c'est se mettre en route. Le chemin est solitaire, la pensée « repose dans une solitude pleine d'énigmes », et « aucun penseur n'est jamais entré dans la solitude d'un autre » (*ibid*, p. 248).

1. 2. *Sciences, humanités, humanisme scientifique.*

Un collègue philosophe coréen constatait récemment qu'en Corée dans les facultés de lettres le nombre des postes diminue (par non-remplacement des départs à la retraite), tandis que dans les facultés de sciences on embauche – et que les départements de biotechnologie sont en plein essor. La plainte des humanités méprisées fut souvent entendue au cours du XXe siècle, et les philosophes ont pleuré avec les littéraires (disant qu'il faut « sauver la philosophie »– contre un enseignement scientifique et technique envahissant). Pourtant on se souvient de l'article de Stephen Toulmin qui raconte comment la médecine a « sauvé la vie » de la philosophie morale[4]. L'un des traits du XXe siècle a aussi été la demande croissante de philosophie, venant de milieux scientifiques ou de gestion de la recherche. En mars 2004 la Commission européenne organisait à Gênes une confrontation entre scientifiques et artistes – littéraires – philosophes sur le thème « biologie moderne et visions de l'humanité »[5]. Une autre conférence s'est tenue à Paris en novembre 2004 sur le thème « science et conscience européenne ». L'Union européenne revendique explicitement un humanisme scientifique dans la tradition européenne, telle qu'analysée par Edmund Husserl (dans la *Krisis*). Un ministre français de l'éducation a créé des postes de philosophie des sciences dans les grands établissements scientifiques. Le lien science-philosophie n'est pas coupé, ni distendu.

1. 3. « *Toute la philosophie est comme un arbre* »

La question du rapport entre les sciences et la philosophie est classiquement posée à partir de la célèbre déclaration de René Descartes : «Ainsi toute la philosophie est comme un arbre, dont les racines sont la métaphysique, le tronc est la physique, et les branches qui sortent de ce tronc sont toutes les autres sciences, qui se réduisent à trois principales, à savoir la médecine, la mécanique et la morale ; j'entends la plus haute et la plus parfaite morale, qui, présupposant une entière connaissance des autres sciences, est le dernier degré de la sagesse»[6]. Il ne fait aucun doute que, pour Descartes, la mécanique et la médecine sont des branches de la philosophie, et qu'il y a continuité (non pas rupture) de la réflexion philosophique la plus fondamentale (celle des *Méditations*

---

4. S. TOULMIN, « How medicine saved the life of ethics », *Perspectives in Biology and Medicine*, 1982, 25 : 736-750.

5. *Modern Biology and Visions of Humanity*. Introduction to the Book : Lorenzo V.de, Magnien E., Stefànsson, European Commission. Book : Kahn A., Cetina K.K., Agazzi E., Hottois G., Watts F., Rose S.P.R., Strathern M., Kovac L., Bessis S., Wolpert L., Nowotny H., Bucchi M., Bigsby C., Djerassi C. Disponible en anglais, français et italien : Bruxelles, de Boeck, 2004, ou <*www.multi-science.co.uk*>, ou <*www.uniroma1. it/centrostampa*>.

6. R. DESCARTES, *Principes de la philosophie*, Amsterdam, Elzevier, 1644, Lettre-préface.

métaphysiques) aux applications les plus utilitaires des sciences, comme la fabrication des verres de lunettes.

Wilhelm Dilthey[7] a essayé de montrer comment cet arbre a perdu ses branches, à mesure que les sciences de la nature (comme la physique, à partir du XVIIe siècle), puis les sciences de l'esprit plus lentement (comme la psychologie, au XIXe siècle), se sont émancipées et autonomisées, abandonnant les présupposés métaphysiques hérités, *via* la scolastique médiévale, de la théorie des formes substantielles, c'est-à-dire, d'une vision animiste de la nature, et mettant en place, d'abord, une méthodologie (anhistorique) de l'explication causale, puis devenant « sciences historiques » en intégrant le fait de l'historicité des processus étudiés. On a mal compris Dilthey en racontant que la philosophie (au sens ancien, qui incluait toutes les sciences) s'est effeuillée, perdant l'une après l'autre les sciences qui la composaient, et en ironisant sur la vacuité de ce qui reste, une fois les sciences enfuies du giron qui les avait contenues. Car la cure d'austérité par laquelle les sciences ont conquis leur *positivité*, à savoir l'extrusion des préjugés métaphysiques (*i.e.*, des explications toutes faites), n'implique pas qu'elles aient perdu la *visée philosophique* qui les portait. Cette visée s'est peut-être seulement purifiée ; elle reste double, fidèle à l'idéal cartésien : construire une vision du monde exacte, construire un monde mieux habitable.

1. 4. *Deux conceptions de la philosophie des sciences*

Selon l'interprétation qu'on a de l'histoire de l'effeuillement, on peut avoir deux visions très différentes de la tâche d'une philosophie des sciences.

— Admettons que les sciences ont rompu leurs attaches avec la philosophie – elles ne pensent plus ; le philosophe pense pour elles, ou à côté. Il peut s'en détourner, se réfugier dans une vision littéraire ou artistique du travail philosophique, et développer une réflexion indifférente aux apports de la science (par exemple, une phénoménologie du corps ignorante des apports de la physiologie et de la médecine, au rebours de l'intérêt porté par Husserl aux acquis scientifiques). Il peut aussi, sans ignorer les travaux scientifiques, prendre une position en surplomb, et porter sur le travail des chercheurs un regard professionnel extérieur, et critique, c'est-à-dire, normatif ; il se conduit alors, oserait-on dire, en « inspecteur des travaux finis'. C'est le modèle offert, entre autres, par l'orthodoxie épistémologique du milieu du XXe siècle. Le philosophe des sciences-épistémologue scrute les travaux scientifiques, examine si les pratiques sont rigoureuses, si les hypothèses ou théories sont cohérentes, si les arguments s'enchaînent sans faute de raisonnement. Ce modèle présupposait (modestement) que l'examen philosophique n'ajoute à la science aucun contenu de connaissance, mais (orgueilleusement) que les philosophes disposent d'un outil normatif – la logique – permettant de tester la validité formelle des dé-

---

7. W. DILTHEY, *Einleitung in die Geisteswissenschaften*, 1883 [*Gesammelte Schriften*, Bd. 1] ; tr. fr. L. Sauzin, Introduction à l'étude des sciences humaines. Essai sur le fondement qu'on pourrait donner à l'étude de la société et *de l'histoire*, Paris, PUF, 1942 ; repr. avec d'autres textes, tr. et prés. S. Mesure, *Introduction aux sciences de l'esprit*, in : *Critique de la raison historique*, Paris, Cerf, 1992, p. 309-337.

marches scientifiques. La science ainsi examinée l'a surtout été à travers ses publications, et cette philosophie des sciences fut essentiellement, comme l'a souligné Gilbert Hottois[8], une philosophie du langage scientifique (énoncés, théories).

— Supposons que les sciences, en se débarrassant de leurs oripeaux métaphysiques, ont conservé une visée philosophique. Si la science « pense », alors la philosophie des sciences émerge de l'intérieur des sciences, pour peu qu'on soit attentif aux problèmes soulevés sur le terrain par le travail scientifique en train de se faire. L'adage husserlien invitant le philosophe à aller « aux choses mêmes » peut être compris comme une invite à ce regard attentif. Marjorie Grene, philosophe de la biologie, l'exprime ainsi : « Il est vrai que le travail philosophique est conceptuel, et non pas empirique ; et bien sûr, ce n'est pas le rôle des philosophes de courir derrière toutes les nouveautés scientifiques ; néanmoins c'est un fait qu'il y a des avancées scientifiques, et des crises scientifiques, dont il est patent qu'elles concernent la philosophie »[9]. Les sciences du vivant ont, au cours de la seconde moitié du vingtième siècle, suscité nombre d'interrogations philosophiques ; et cette fois ce qui a été philosophiquement problématisé était moins ce que la science dit, que ce qu'elle fait : bébés-éprouvettes, tests génétiques, animaux et plantes transgéniques, thérapies cellulaires (par exemple, greffes de tissus foetaux dans le système nerveux central d'adultes atteints de la maladie de Parkinson). La philosophie des sciences évolue ici vers une philosophie de la créativité scientifique. Et ce sont dans bien des cas les scientifiques qui ont posé les problèmes, et appelé les philosophes à la rescousse pour y réfléchir. Ainsi avons-nous pu lire dans un quotidien cet interview d'un chercheur en biologie intitulé « Il va bien falloir se poser la question de l'homme transgénique » [10]. Il ne s'agissait pas d'un canular. Nous faisons vacciner nos enfants. La science pastorienne a fourni les moyens de faire des hommes « immunologiquement modifiés ». Il n'y a pas de bons vaccins contre le sida, le cancer, la tuberculose, le paludisme. Mais on commence à identifier des facteurs génétiques de résistance à ces maladies, par exemple, au cancer. Radman argumente que, pour les familles où une prédisposition à faire des cancers précoces est connue, à mesure qu'on connaît mieux les facteurs de prédisposition, l'option pourrait être offerte d'une modification génétique. Nous résistons, en Europe, à l'introduction en agriculture d'organismes génétiquement modifiés (riz, maïs, tomates). Résisterons-nous à faire, pour des raisons médicales, des êtres humains génétiquement modifiés ? Cela appelle une sérieuse réflexion anthropologique.

8. G. HOTTOIS, *Philosophies des sciences, Philosophies des techniques*, Paris, Odile Jacob, 2004.

9. « *Now, while it is true that philosophical tasks are conceptual, not empirical, and while philosophers admittedly* cannot and should not run on the heels of every advance in science, it is nevertheless the case that there are advances *in science, and crises in science, whose relevance to philosophy is patent* » (GRENE M., « Philosophical Anthropology », in : R. Klibansky, ed., *La philosophie contemporaine. Chroniques*, Firenze, La Nuova Italia Editrice, 1969, p. 217).

10. *Libération*, 12-13 juin 2004, p. 46-47. La publication scientifique à l'origine de l'interview est : Jean Claude WEIL & Miroslav RADMAN, « How good is our genome? », *Philosophical Transactions of the Royal Society of London*, B (2004), 359 : 95-98.

1. 5. *Une option à prendre.*

Entre la science qui pense et celle qui ne pense pas, j'opte ici pour celle qui pense. Jacques Monod donnait à son petit livre *Le hasard et la nécessité* un sous-titre éloquent[11], par lequel il reconnaissait que la visée inhérente à la recherche scientifique est une visée philosophique, qu'on l'envisage sous l'angle spéculatif (valoriser la « connaissance objective »), ou sous l'angle pratique (faire jeu égal avec la nature). Vouloir regarder la réalité comme elle est, ne pas se payer de mots, ne pas se raconter des histoires, mais se donner les moyens d'agir intelligemment (maîtriser la nature « en lui obéissant » : Francis Bacon), c'est courageux (cela implique une *ascèse*), c'est un trésor de notre culture, et c'est un bien précieux si on mesure l'ampleur des superstitions encore aujourd'hui répandues (lorsque, par exemple, les thérapeutiques anti-virales sont refusées aux malades du sida en Afrique du sud, au motif que la médecine traditionnelle africaine fait aussi bien que la science « occidentale »). Mais il est important en même temps de prendre au sérieux les problèmes, soulevés par les scientifiques eux-mêmes, qui jalonnent les avancées scientifiques. Admettons qu'il y ait demain une intervention génétique possible, pour prévenir certains cancers. Elle est expérimentée sur l'animal. Peut-on extrapoler de l'animal à l'homme, et quel est le niveau de preuve exigible avant de passer à l'expérimentation humaine (questions d'épistémologie)? Une telle manipulation risque-t-elle de dénaturer le génome humain (question d'ontologie)? Si la procédure est validée, les parents devront-ils à leurs enfants ce facteur de protection (question morale)?

2. PHILOSOPHIE DES SCIENCES : UNE PHILOSOPHIE THÉORIQUE ET PRATIQUE

2. 1. *Éthique et épistémologie*

Qu'en philosophie des sciences des questions de morale puissent être intriquées avec des questions d'épistémologie, il n'y a pas lieu de s'en étonner. Emmanuel Kant écrivait : « *Tout intérêt est finalement* pratique et même celui de la raison spéculative n'est que conditionné, et n'est complet que dans l'usage *pratique* »[12].

Le directeur de l'École doctorale d'une de nos universités, en même temps qu'il se réjouissait de voir biologistes et médecins s'inscrire en nombre pour des doctorats d'histoire et philosophie des sciences, s'inquiétait de leurs orientations de recherche : « Ils veulent presque tous travailler sur des sujets de bioéthique, peut-on admettre que ce sont des sujets de philosophie des sciences? ». La philosophie des sciences ne se réduit pas à une théorie de la connaissance. Et ce n'est pas une particularité des sciences du vivant. L'astrophysicien Antoine

---

11. J. MONOD, *Le hasard et la nécessité. Essai sur la philosophie naturelle de la biologie moderne*, Paris, Gallimard, 1970.

12. I. KANT, *Critique de la raison pratique*, 1e partie, livre 2, chap II, § 3 « De la suprématie de la raison pure pratique dans sa liaison avec la raison pure spéculative » (cit. Hadot, 2001, p. 182).

Labeyrie, dont la spécialité est de trouver des méthodes pour mettre en évidence des traces de vie sur de lointaines planètes, dans des galaxies différentes de la nôtre, interpelle ses interlocuteurs : avez-vous réfléchi aux problèmes d'éthique [13] que pose la recherche de la vie ailleurs dans l'univers ? Rappelant que la conquête de l'Amérique a fait, sur le territoire américain, des millions de morts, et qu'elle a apporté à l'Europe la maladie syphilitique, il laisse entrevoir les désastres possibles que pourrait entraîner la découverte d'autres formes de vie que la vie terrestre : contamination de planètes vierges par des germes apportés à bord de nos vaisseaux spatiaux, destruction de l'humanité par des épidémies importées d'autres mondes [...] D'où la question : quelles précautions convient-il de prendre, en cas d'exploration spatiale à la recherche d'autres vivants ? Cette question de philosophie morale coexiste avec des questions d'épistémologie : ainsi, celle des critères utilisés par les savants pour identifier comme 'vivants' des êtres extra-terrestres. Quand le physicien Gabriele Veneziano [14] dit que les galaxies sont notre champ expérimental, il étend le souci écologique aux dimensions de l'univers.

2. 2. Sciences et techniques

Nombre de philosophes, encore aujourd'hui, pensent que la « vraie » science, ou science « pure », est une activité spéculative (cognitive, contemplative), tandis que les aspects pratiques de l'activité scientifique sont présentés comme des « applications », des sous-produits d'intérêt moindre, ou seulement utilitaire. Il s'ensuit une division des tâches philosophiques. La philosophie des sciences, conçue comme discipline théorique, s'occupe d'étudier les démarches intellectuelles des savants, et d'analyser les stratégies d'acquisition de la connaissance (traitement des données, formulation des hypothèses, validation des résultats, structure des grandes théories). La philosophie des techniques, de son côté, s'intéresse aux « objets » techniques, comme les moteurs à réaction et les procédés agricoles, décrits par Simondon [15] comme formant au sein de notre monde humain une couche réticulaire relativement autonome, transculturelle et transcommunautaire (« technosphère »). Gilbert Hottois (2004) observe que philosophes des sciences et philosophes des techniques se sont longtemps ignorés. Les uns s'occupaient d'idées, les autres de choses. Il argumente que les deux univers sont aujourd'hui si étroitement intriqués que la partition entre une philosophie des sciences supposée théorique et une philosophie des techniques dont les intérêts seraient pratiques est périmée, obsolète, même s'il y a encore une justification à qualifier certaines recherches de « fondamentales », par opposition à d'autres dont la finalité est directement utilitaire.

La science n'est plus seulement contemplative, à supposer qu'elle l'ait été, ce qui est douteux (pensons au levier d'Archimède). Pierre Ha-

---

13. Une éthique spatiale est née; voir par exemple : J. ARNOULD, *La seconde chance d'Icare. Pour une éthique de l'espace*, Paris, Cerf, 2001.
14. G. VENEZIANO, « Les nouveaux défis de la cosmologie moderne », *Revue de métaphysique et de morale*, spécial : Philosophie de la nature, 2004, 3 : 413-424.
15. G. SIMONDON, *Du mode d'existence des objets techniques*, Paris, Aubier, 1958.

dot[16] affirme qu'elle ne l'a jamais été, qu'elle a toujours été techno-science, sauf au regard d'une tradition platonicienne relativement iso-lée. Et dire que la science est technoscience, ce n'est pas seulement dire que dans ses stratégies de recherche elle a intégré des procédés tech-nologiques (comme la PCR : *polymerase chain reaction*, outil de la biolo-gie moléculaire), et qu'elle s'est organisée sur le mode industriel (dans les grands laboratoires comme le CERN, à Genève). C'est aussi dire que la science ne produit pas seulement des énoncés : elle produit des êtres. Et elle en a conscience depuis longtemps.

2. 3. *La chimie de synthèse, et la biologie*

Le chimiste Marcelin Berthelot[17], au second tiers du XIXe siècle, montrait que la chimie de synthèse ne consiste pas simplement à re-constituer, à partir de leurs éléments, des substances complexes déjà présentes dans la nature, mais qu'elle permet de produire des corps nouveaux que la nature n'avait pas inventés, et de les insérer dans le monde réel, donnant à l'homme les moyens de contribuer à une « création continuée ». L'investigation scientifique ne se limite pas au réel existant, elle est une investigation des possibles naturels. Jean-Marie Lehn, dans sa leçon inaugurale au Collège de France[18], évoquait le caractère démiurgique de la chimie, sa « faculté créatrice » : elle est « architecture et sculpture », elle joue avec les forces de liaison molé-culaires pour équilibrer des structures (par exemple, des molécules creuses), elle crée des espèces nouvelles. L'industrie chimique et phar-maceutique passe en revue chaque année des millions d'ébauches de molécules possibles, dont seulement quelques-unes seront développées.

La biologie a suivi cette voie un siècle plus tard. Les chercheurs en biologie construisent de nos jours des souris et des plants de maïs ou de riz génétiquement modifiés. Ce sont de vraies souris (et de vraies céréales) et de vraies constructions de types d'êtres qui précédemment n'existaient pas dans la nature. Bien sûr, certaines inventions biotech-nologiques sont développées en vue d'applications médicales ou agri-coles (comme la souris de Harvard, construite comme modèle de mammifère prédisposé au cancer du sein, qui fut la première souris brevetée; ou comme les semences de la firme Monsanto), mais cela n'exclut pas l'usage cognitif. Les chimères « caille-poulet » de Nicole Le Douarin[19] sont au service d'une biologie très fondamentale, une biolo-gie du développement embryonnaire. François Cuzin[20], qui travaille, lui aussi, en biologie du développement, lie l'étude d'une hypothèse relative à la fonction d'un facteur génétique à la construction d'une souris chez qui ce facteur génétique a été modifié ou inactivé. Une souris dont un

16. P. HADOT, *La philosophie comme manière de vivre (Entretiens)*, Paris, Albin Mi-chel, 2001.

17. M. BERTHELOT, *La synthèse chimique*, Paris, Germer, Baillière & Cie, 1864; 2e éd. 1876.

18. J.-M. LEHN, *Chaire de chimie des interactions moléculaires*, leçon inaugurale, faite le vendredi 7 mars 1980, Paris, Collège de France, n° 87, 1980.

19. N. Le Douarin, *Des chimères, des clones et des gènes*, Paris, Odile Jacob, 2000.

20. voir par exemple : M. RASSOULZADEGAN, M. MAGLIANO, F. CUZIN, « Transvection effects involving DNA methylation during meiosis in the mouse », *The EMBO Journal*, 2002, 21 (3) : 440-450.

gène a été inactivé (*knockouté*)[21] est une hypothèse vivante, en même temps qu'un test d'hypothèse.

2. 4. *L'investigation des possibles*

Claude Debru[22] montre excellemment, dans son ouvrage sur les bio-technologies, que notre espèce est en train de prendre la mesure de son pouvoir d'*invention*, exerçant sa liberté dans l'exploration des possibles, et dans la décision de faire venir à l'être tel possible ou tel autre. Le territoire exploré se situe entre deux frontières qu'il est également inté-ressant de tracer : celle de l'impossible (ce que les « lois » de la nature interdisent), et celle du non désirable (ce que nous préférons ne pas introduire dans notre monde). La première frontière intéresse la philo-sophie des sciences au sens théorique du terme (quelle est la « logique » interne des processus naturels ?), la seconde frontière appelle une ré-flexion philosophique sur les conséquences pratiques et sur les fins de l'activité scientifique, sur la justification des choix de recherche, sur ce qui est bon ou désirable parmi les réalisations que les progrès du sa-voir rendent accessibles. Dans son chapitre sur la naissance de l'ingénierie génétique (chap. 3), Debru analyse la façon dont ces auda-ces ont été gérées. On a commencé par se faire peur. Ainsi, lors du mo-ratoire d'Asilomar, on fantasmait des bactéries génétiquement modi-fiées s'échappant du laboratoire, se disséminant dans la nature, et en-traînant des désastres écologiques; en fait, le moratoire conduisit à définir des niveaux de sécurité à respecter, et l'aventure aboutit à une fabrication de l'insuline humaine, d'abord par une bactérie (*Escherichia coli*), puis par des levures. L'insuline servant au traitement du diabète était naguère extraite du pancréas de porc. « Aujourd'hui l'insuline ob-tenue par recombinaison génétique s'est entièrement substituée à l'in-suline d'extraction » (p. 239), avec des avantages que les personnes dia-bétiques qui ont connu la transition entre les deux époques connaissent bien.

2. 5. *Ouvertures philosophiques*

Il est naturel que cette science démiurgique, qui peuple notre monde d'êtres nouveaux, suscite une demande sociale de philosophie. Du côté des sciences du vivant, la demande sociale aujourd'hui est souvent moins une demande de philosophie théorique (*épistémologie*) qu'une demande de philosophie pratique (*bio-éthique, bio-politique*), ou d'anti-cipation imaginative (et normative) des risques *anthropologiques* encou-rus du fait de l'adoption de tel ou tel programme de recherche. On peut le regretter. Les étudiants en biologie gagneraient sûrement à s'instruire sur la théorie des classifications, l'inférence inductive, la preuve expé-rimentale et les « niveaux de preuve ». Les médecins devraient s'intéres-ser aux diverses façons de modéliser les stratégies du diagnostic, ou d'élaborer un protocole de recherche clinique. Et la question de la « vérité » scientifique garde toute son importance[23], à une époque ten-

21. voir : M. MORANGE, *La part des gènes*, Paris, Odile Jacob, 1998, II, 7.

22. C. DEBRU, avec la collaboration de P. NOUVEL, *Le possible et les biotechnologies*, Paris, PUF, 2003.

23. J.-P. CHANGEUX, dir., *La vérité dans les sciences*, Paris, Odile Jacob, 2003.

tée par le relativisme culturel. Mais cela n'exclut pas d'autres question-nements, tout aussi philosophiques, sur le genre de monde que nous voulons léguer aux générations futures, sur le caractère (supposé) in-trinsèquement « bon » de ce que font les sciences, ni sur la justice, ou la justesse de leurs apports. Le physicien et philosophe Alfred N. White-head écrivait : « L'harmonie est limitation. Une justesse dans la limita-tion est donc essentielle pour que la réalité puisse croître »[24].

Les développements de la biologie et de la médecine (pensons aux antibiotiques, à la contraception, à la procréation médicalement assis-tée) ont entraîné, et entraînent encore, des transformations écologiques, sociales, économiques et culturelles considérables. Ces transformations, et les éventuels dégâts collatéraux de l'activité scientifique, préoccupent à juste titre les chercheurs, et au-delà du monde scientifique, la société tout entière.

Les questions posées sont d'abord de nature éthique et politique. Ci-tons-en quelques-unes. L'organisation de la recherche scientifique pé-nalise-t-elle aujourd'hui les pays du sud, ou contribue-t-elle à réduire l'écart entre pays émergents et pays développés ? Jusqu'où le monde végétal et animal peut-il être instrumentalisé au service de la recherche (et des besoins humains) ? Avons-nous mission de « protéger » la nature, ou de la remodeler, en prenant notre part de responsabilité dans le processus évolutif universel d'où nous sommes issus ? Faut-il mettre des limites morales à l'exercice de notre créativité expérimentale ? Faut-il que nous nous abstenions, même à titre purement exploratoire, de créer des chimères homme-animal ? Faut-il interdire, chez l'homme, le clonage à visée reproductive, et pour quelles raisons ? De multiples commissions internationales, nationales ou institutionnelles, discutent aujourd'hui autour de ces thèmes. Des philosophes y participent, avec des scientifiques de toutes disciplines, des juristes, des représentants de la « société civile » [...] Ces groupes font-ils de la philosophie, et si oui, quel genre de philosophie est-ce là ?

Enfin, au moment où les astronomes et astrophysiciens sont à la re-cherche de traces de vie dans l'univers, ailleurs que sur la terre, Michel Morange[25] argumente de façon agréablement provocative qu'il n'est pas futile de reposer la question : « qu'est-ce que la vie ? » : une question d'*ontologie*. Qu'elle soit posée par un biologiste conforte l'hypothèse que de l'activité scientifique sortent des interrogations philosophiques. Cette question en appelle une autre : jusqu'où les « lois » de la vie telle qu'elle existe sur la planète terre peuvent-elles être extrapolées à d'autres for-mes de vie éventuellement repérables sur d'autres planètes de galaxies lointaines ? La spéculation *cosmologique* a toujours attiré philosophes et scientifiques. Les connaissances acquises ont, au cours des quatre der-

24. A. N. WHITEHEAD, *Religion in the Making*, New York, Macmillan & Cambridge, CUP, 1926 ; reprint with introd. By Judith A. JONES, glossary by Randall E. AUXIER, New York, Fordham UP, 1996 ; tr. fr. Ph. DEVAUX, *Le devenir de la religion*, Paris, Au-bier, 1939 (1996, p. 152).

25. M. MORANGE, *La vie expliquée ? 50 ans après la double hélice*, Paris ; Odile Jacob, 2003. (Ce livre est une manière de réponse à Erwin SCHRÖDINGER (*What is Life ?*, 1944), et à François JACOB (qui, dans *La logique du vivant*, 1970, affirmait qu'on « n'interroge plus la vie aujourd'hui dans les laboratoires »).

niers siècles, suffisamment bousculé nos représentations de l'univers, et de la place qu'y tiennent les êtres humains, pour que la philosophie des sciences ne reste pas étrangère au dialogue entre philosophie de la nature et anthropologie.

3. COMMUNAUTÉ SCIENTIFIQUE : LA CONSTRUCTION INTERSUBJECTIVE DE L'OBJECTIVITÉ

3. 1. *Intersubjectivité.*

Le thème de l'intersubjectivité est rarement abordé en philosophie des sciences. Jacques Merleau-Ponty (philosophe de la cosmologie, cousin de Maurice) avait, dans sa thèse [26], à propos de la théorie de la relativité cinématique, évoqué la façon dont le principe de relativité, impliquant que deux observateurs en mouvement dans l'espace puissent communiquer, est incompatible avec le solipsisme. Il accordait beaucoup d'importance à l'idée que le *cogito*, l'*épochè* ou, quel que soit son nom, l'acte par lequel on *entre en philosophie*, loin d'être solipsiste, comme on le croit trop souvent, implique l'*altérité* – parce qu'on ne peut pas supposer qu'on se dit à soi-même « *je pense, j'existe* », sans présupposer une communauté de sujets parlants au sein de laquelle cette affirmation a un sens. À la fin de sa vie encore, il disait que la manière collective, interactive, dont les scientifiques travaillent devrait faire réfléchir les philosophes.

3. 2. *Le « nouveau régime de la raison »*

Dans un petit livre lumineux [27], Bertrand Saint-Sernin analyse les transformations de la rationalité depuis le XVIIe siècle siècle. Nul ne peut aujourd'hui embrasser la totalité du savoir, même dans une discipline étroite. Le spécialiste le plus savant peine à se tenir au courant des avancées de la connaissance, y compris dans sa spécialité. Un individu seul est constamment dépassé par le courant de la recherche. Le travail se fait en équipe. Chacun dépend des autres pour la répartition des hypothèses à tester, le partage des moyens et équipements, la correction mutuelle et la complémentarité des perspectives. Nombre de publications sont co-signées de dix, cinquante, cinq cents noms. Chaque scientifique, qui peut être l'expert le plus pointu dans son secteur, est un amateur dans des secteurs voisins du sien. Les congrès internationaux (comme, par exemple, les congrès mondiaux sur le sida) sont une occasion, pour toute une collectivité de professionnels, de faire le point sur : ce qu'on sait et ce qu'on ignore, ce qui a été découvert et qui renverse des idées établies, les « dogmes » à réexaminer (« *challenge the dogmas* »), les conséquences pratiques des savoirs actuels, les voies de recherche à explorer.

---

26. J. MERLEAU-PONTY, *Cosmologie du XXe siècle. Etude épistémologique et historique des théories de la cosmologie contemporaine*, Paris, Gallimard, 1965, chap. 5; voir aussi : Andler *et al.*, *Philosophie des sciences*, 2002, chap 2, § XIV, p. 217, et note 21, p. 592-594.

27. B. SAINT-SERNIN, *La raison*, Paris, PUF, 2003 (QSJ).

Mais comment, dans le brouhaha d'une communauté nombreuse, les « bonnes » options, c'est-à-dire, les décisions rationnelles, sont-elles prises? Naguère la question eût semblé toute simple, par le présupposé que « la raison est naturellement égale en tous les hommes » (Descartes, 1637). Kant disait encore en 1786 : « Penser par soi-même signifie chercher en soi-même (c'est-à-dire dans sa propre raison) la suprême pierre de touche de la vérité; et la maxime de penser par soi-même en toute circonstance est l'*Aufklärung* » (« Qu'est-ce que s'orienter dans la pensée », note finale). Mais notre époque a abandonné, avec « les lumières », la généreuse conviction que, quand un être humain accède à la maturité intellectuelle, c'est-à-dire « pense par soi-même », il accède à une universalité de la pensée. Le tournant « post-moderne » pris au XXe siècle signifie qu'il y a doute sur la conviction kantienne que l'exercice de la liberté de penser présuppose une référence à LA raison comme ultime pierre de touche, et que, si la raison n'est pas LA raison (universelle), elle « s'anéantit elle-même ». Aujourd'hui nous ne pouvons envisager la raison que distribuée, partagée, émiettée pour ainsi dire entre des partenaires qui, même si leur « bonne volonté » est entière, ne peuvent donner chacun que des éléments fragmentaires contribuant à bâtir la rationalité nécessaire à une investigation intelligente des possibles naturels.

3. 3. *Le travail scientifique est communautaire*

Le philosophe américain Alasdair McIntyre a comparé l'entreprise scientifique à la construction d'une cathédrale, voire d'une cité entière, sans cesse retouchée au cours des âges, produit des efforts plus ou moins coordonnés de milliers d'artisans besogneux, dont chacun intériorise ou (partiellement) invente l'inspiration d'ensemble qui régule le projet de l'intérieur. Ces efforts sont aussi régulés de l'extérieur, d'un côté par le milieu physique (ce qu'Evelyn Keller appelle « récalcitrance » de la nature[28]), de l'autre par le milieu humain qui exerce sur les activités des agents un contrôle normatif, d'ailleurs imparfait ou sporadique[29] (système des *referees*, commissions scientifiques, législations). Idéal régulateur de ce projet millénaire, l'objectivité (concept « moral ») implique de la part des artisans de la science un triple engagement, à l'égard : du projet lui-même, de la nature, et des compagnons de travail (« engagement communautaire »). McIntyre immerge ainsi les membres de la communauté scientifique dans un réseau de liens (à la nature, à autrui, à l'histoire) qui, sans les empêcher d'errer individuellement, noie les errements individuels dans les aléas de l'histoire universelle. Au-delà des métaphores (ici, la métaphore architecturale), il y a peu de modèles théoriques de ce régime collectif de fonctionnement de la rationalité, et beaucoup de tâtonnements pour en préciser les traits, la difficulté étant d'avoir à concilier démocratie et

---

28. E. F. KELLER, *Secrets of Life, Secrets of Death. Essays on Language, Gender and Science*, New York, Routledge, 1992 (p. 6).

29. A. MCINTYRE, in : H. T. ENGELHARDT Jr. & D. CALLAHAN, eds., *The Foundations of Ethics and its Relationship to Science*, 4 vols., Hastings-on-Hudson : Institute of Society, Ethics, and the Life Sciences (Vol. 3 : Morals, Science and Sociality, 1978, p. 37).

sélectivité. Les journaux scientifiques font régulièrement état de con-
troverses sur la meilleure façon de former les jeunes chercheurs, sur la
taille optimale pour une équipe de recherche, sur les critères permettant d'évaluer la performance des équipes (quelles publications, quels
brevets, quels prix prestigieux?), sur les inconvénients du système des
referees, sur le point de savoir s'il est préférable que les rapporteurs
soient anonymes, ou s'il vaut mieux qu'ils ne le soient pas, etc. Mais les
organismes de recherche ont acquis un savoir-faire empirique sur les
manières de faciliter l'émergence de groupes créatifs.

3. 4. Et la communauté philosophique?

Qu'en est-il de la recherche en philosophie des sciences, et en philosophie tout court? La communauté philosophique est-elle comparable,
pour son régime de fonctionnement, à la communauté scientifique?[30]
Hors les effets d'école, ou de mode, y a-t-il en philosophie des entrepri-
ses de réflexion collective?

Une longue tradition fait du chercheur en philosophie un travailleur
solitaire, qui pense par lui-même, et qui en est fier. Descartes déjà re-
courait à la métaphore architecturale, pour justifier sa téméraire entreprise de mettre radicalement en doute, seul, tout ce qu'il avait appris :
« Je crus fermement que par ce moyen je réussirais à conduire ma vie
beaucoup mieux que si je ne bâtissais que sur de vieux fondements »,
écrit-il, et encore : « Les bâtiments qu'un seul architecte a entrepris et
achevés ont coutume d'être plus beaux et mieux ordonnés que ceux
que plusieurs ont tâché de raccommoder en faisant servir de vieilles
murailles qui avaient été bâties à d'autres fins »[31]. L'Éthique de Spinoza,
les trois Critiques de Kant, l'essai de Mill Sur la liberté, sont des œuvres
d'auteur. Les publications collectives en philosophie sont le plus souvent des juxtapositions, qui laissent au lecteur le soin de tirer ses propres conclusions. Faut-il opposer, à la grande cathédrale des sciences
où chaque ouvrier apporte sa modeste contribution, un paysage de
pavillons philosophiques individuels? Faut-il même de nos jours limiter
le travail philosophique à la démarche critique et analytique, sans ambition constructive?

Sur le plan des institutions, les philosophes des sciences des divers
pays du monde, par l'intermédiaire de leurs associations profession-
nelles nationales, sont, avec les historiens des sciences, rassemblés dans
une Union internationale d'histoire et philosophie des sciences, laquelle,
avec toutes les Unions internationales des diverses sciences (de physique, de chimie, de biologie, de mathématiques [...]) forme ce qu'on appelle la Confédération internationale des Unions scientifiques (ICSU).
La Confédération officiellement encourage les grands projets de recherche communs à plusieurs unions. L'apparence institutionnelle est
donc que les philosophes des sciences, et les historiens des sciences,
travaillent dans le même esprit communautaire que les scientifiques. Le
congrès mondial de philosophie des sciences, qui a lieu tous les quatre
ans, permet à tous les chercheurs de la discipline de confronter leurs

---

30. Cette section s'inspire de l'ouvrage *Philosophie des sciences*, chapitre II (cf.
note 26).

31. R. DESCARTES, *Discours de la méthode*, 1637, deuxième partie.

idées, de tester la solidité des résultats présentés par tel ou tel. Il rend visibles les sujets ou les méthodes de recherche émergents, il est une occasion pour les jeunes chercheurs de se faire connaître des anciens. L'assemblée générale y élit le nouveau bureau, chargé de définir les thèmes du congrès suivant. Les Actes publiés des congrès successifs reflètent l'évolution des questions traitées. Mais peu de philosophes connaissent les travaux, ou seulement l'existence, de l'Union internationale.

La réalité concrète de la recherche est ailleurs. Elle est, par exemple, dans les équipes des écoles doctorales, où les chercheurs en formation acquièrent leurs méthodes de travail. Comment les jeunes chercheurs en philosophie sont-ils formés? Comment sont choisis les programmes de recherche? Ces programmes font-ils l'objet d'un travail en collaboration, ou d'une juxtaposition de travaux individuels? En philosophie des sciences[32] la question est particulièrement complexe, parce qu'un jeune chercheur en philosophie de la physique, ou de la psychologie, doit apprendre autant de physique ou de psychologie que de philosophie. Les programmes de recherche sont-ils transdisciplinaires? Donnent-ils lieu à une véritable collaboration entre disciplines? Le parcours du doctorant reste encore aujourd'hui un parcours essentiellement solitaire, même s'il se dessine avec les écoles doctorales une timide progression vers un travail en commun dont la méthodologie est en voie d'élaboration.

Quant aux Sociétés de philosophie, comme celles que regroupe l'ASPLF, sont-elles des clubs de rencontre ou des lieux de recherche collective? Voit-on une société de philosophie mettre à son agenda l'étude d'un problème que la société se pose, comme actuellement celui de l'acceptabilité des investigations sur les cellules souches embryonnaires humaines? De grands exemples historiques montrent que cela a existé. En 1783 un membre de la Société berlinoise de philosophie s'était écrié : « Qu'est-ce que les lumières? Cette question [...] devrait tout de même recevoir une réponse, avant qu'on se mette à éclairer les gens! Or cette réponse, je ne l'ai encore rencontrée nulle part! ». La Société berlinoise mit aussitôt le problème de la définition des lumières au programme de ses réunions du mercredi. La contribution de Kant[33] à ce travail collectif parut dans le numéro de décembre 1784 de la *Berlinische Monatschrift*.

---

32. Voir : *Philosophie des sciences*, tome II, Conclusion, 1131-1135, et Annexes, 1139-1141.

33. I. KANT, « Réponse à la question : Qu'est-ce que les lumières? », tr. fr. in : *Œuvres philosophiques*, Paris, Gallimard, tome 2, 209-217, et note p. 1440.

RÉSUMÉ DE L'ARTICLE. — Les sciences et la réflexion philosophique. Par Anne FAGOT-LARGEAULT.

L'auteur pose et développe que la réflexion conceptuelle sur la science est d'abord une démarche interne à la science elle-même (I); de plus, que cette réflexion interne doit être explicitée et élaborée par la philosophie des sciences, non seulement sous son aspect théorico-épistémologique, mais encore éthico-juridique (II); enfin, que l'ensemble de la réflexion philosophique sur les sciences doit se constituer, ainsi que le font les sciences elles-mêmes, comme une réflexion en communauté d'échange et de dialogue.

SUMMARY OF THE ARTICLE. — Sciences and philosophical reflection. By Anne FAGOT-LARGEAULT.

The author posits and develops the view that conceptual reflection upon science is first of all a procedure internal to science itself (I). What is more, this internal reflection must be explained and elaborated by the philosophy of science, under not only its theoretical-epistemological aspect, but its ethical-juridical aspect as well (II). Finally, the ensemble of philosophical reflection upon the sciences must constitute itself, as do the sciences themselves, as a reflection of exchange and dialogue in community.

Rev. Sc. ph. th. 90 (2006) 67-77

PREMIÈRE TABLE RONDE

LA RÉFLEXION DANS LA PHILOSOPHIE ALLEMANDE ET FRANÇAISE AUX XIXe ET XXe SIÈCLES

Présidence André Stanguennec[1], avec Bernard Bourgeois[2], Massimo Ferrari[3], Jean-Marie Lardic[4], Claire Marin[5], Jean-Louis Vieillard-Baron[6].

INTRODUCTION

par André Stanguennec

Au cours de cette première Table Ronde, je vous propose d'envisager successivement trois thèmes. Le *premier* thème est celui de la référence à Descartes, du point de vue de la réflexion (le *cogito* bien sûr), dans les traditions concernées : le kantisme (on se souvient de la critique de l'inférence métaphysique de Descartes dans les paralogismes de la raison pure chez Kant), le post-kantisme, les traditions réflexives françaises du dix-neuvième, la phénoménologie, le néo-kantisme allemand et français.

Le *second* thème est celui du concept d'*homme* (et l'anthropologie, cf. la formule-titre de ce Congrès : « L'homme et la réflexion ») dans ces traditions. Selon les uns (Kant lui-même, le premier Fichte, les néo-kantiens comme E. Cassirer) le concept d'« homme » semble demeurer central : c'est l'homme qui est le sujet de la réflexion, qui réfléchit et se réfléchit, la philosophie pouvant se définir comme « anthropologie » par la question *qu'est-ce que l'homme ?* Selon les autres, l'anthropocentration de la réflexion doit être critiquée (idéalismes post-kantiens, Hegel, Heidegger également, de même Lévinas, dont la référence à l' « humanisme » peut alors paraître para-

---

1. Professeur à l'Université de Nantes, Président de la SNP, Président du XXXe Congrès de l'ASPLF.
2. Professeur émérite à l'Université de Paris-Sorbonne, membre de l'Institut de France, Président de la Société française de philosophie.
3. Professeur à l'Université de l'Aquila, Italie.
4. Professeur à l'Université de Grenoble.
5. Agrégée et docteur en philosophie.
6. Professeur à l'Université de Poitiers.

doxale) : c'est par exemple le Concept qui se réfléchit en l'homme, ou plutôt en l'Esprit (Hegel), ou l'Être que se réfléchit (se manifeste) dans le langage humain (Heidegger), ou l'Infini qui visite le visage humain (Lévinas). Qu'en est-il de cette tension entre anthropologie et ontologie (ou théologie) chez les philosophes allemands et français du vingtième siècle, dont certains, d'ailleurs, récuseraient sans doute les termes ?

Un *troisième* thème est celui de la *dualité* du concept de réflexion lui-même dans ces traditions. Cette dualité est ouvertement présente chez Kant, au point qu'on puisse parler chez lui, *en première analyse*, de *deux* concepts de réflexion. L'un est l'auto-réflexion : il s'agit notamment de la Topique dans le Chapitre sur l'Amphibologie des concepts de la réflexion. L'autre concept est celui de l'hétéro-réflexion : la réflexion est ici conçue (de façon plus traditionnelle) comme l'activité de pensée qui *s'applique à un donné extérieur et particulier* et cherche à le subsumer sous un concept universel (cf. C.F.J, Introduction). Ne doit-on pas finalement s'interroger sur le maintien de cette dualité de la réflexion, peut-être sans conciliation possible, dans les philosophies contemporaines dominantes, semblant tantôt favoriser l'hétéro-réflexion (Wittgenstein, les philosophies analytiques), tantôt, avec Husserl ou K. O. Apel, favoriser l'auto-réflexion transcendantale, sans exclure d'autres formes, plus « affectées » ou plus « incarnées », par exemple dans la tradition réflexive française ?

INTERVENTION DE BERNARD BOURGEOIS

Première question

On a dit souvent que deux penseurs français avaient influencé la philosophie allemande, principalement dans l'idéalisme multiforme qui s'est développé de Kant à Hegel, à savoir Descartes pour la philosophie théorique et Rousseau pour la philosophie pratique. Je crois que, en ce qui concerne Descartes, son influence a été fort limitée. Cela, parce que, en particulier, les deux problématiques auxquelles ont été affrontés, d'une part Descartes, d'autre part Kant et ses successeurs, sont bien différentes.

La problématique cartésienne, dans laquelle s'inscrit l'affirmation de la réflexion, à travers la proposition du *cogito*, est une problématique d'avant la constitution d'une vérité, une problématique ontologique qui s'interroge sur ce qui est véritablement, et la première vérité, c'est la vérité constituée par le *cogito*. Il se trouve que la première vérité a pour contenu la réflexivité, mais Descartes s'intéresse, non pas tant à la *réflexivité* de la vérité qu'à la *vérité* de la réflexivité, et – on l'a rappelé hier – il voit essentiellement dans le *cogito* l'exemple, le modèle de la certitude dont il s'efforcera de développer les prolongements par la suite. La problématique de la réflexion est donc chez lui une problématique provisoire, qui laisse la place peu après à une problématique d'un tout autre type, privilégiant dans son objet essentiellement la déduction, et une déduction à portée ontologique. Pour Kant et les post-kantiens, la problématique philosophique se déploie sur la base d'une science constituée, une science qui réussit, à savoir la physique newtonienne notamment. Elle ne présente pas une interrogation ontologique, mais une interrogation sur l'ontologie, sur un dire de l'être qui apparaît comme un dire vrai apparaissant tel, en particulier le dire newtonien. L'intérêt va alors à la question de savoir comment un discours scientifiquement assuré est possible. Ici, ce qui intéresse le penseur, ce n'est pas tant la vérité de la réflexivité que la réflexivité de la vérité puisqu'elle est, en tant que le *Je pense* transcendantal, la condition de cette vérité. L'idéalisme allemand va bien s'installer dans la problématique de la réflexivité. Pour lui, tout le champ du savoir s'étend d'une réflexivité première – celle du Je pense – à une réflexivité dernière – la réflexivité essentiellement éthique. Ainsi, chez Fichte, la conscience de soi la plus concrète, la représentation de soi la plus totale, est celle du Je éthique.

Seulement, il y a deux types de réflexion qui sont fondamentalement différents. La réflexion première n'est pas une réflexion proprement dite. Elle consiste dans la *présence à soi* du *Je pense* : Fichte thématise cette présence à soi de la pensée, pour laquelle le terme de réflexion ne convient pas absolument, car une telle présence à soi est à désigner comme une *intuition*. Il s'agit de l'intuition intellectuelle, de l'intuition de l'intellect, en tant que l'intellect, à la différence de la sensibilité, réceptivité ou passivité, est une activité. L'intuition intellectuelle est la présence à soi immédiate de l'agir qu'est la pensée, du début à la fin, en deçà de la scission du pensant et du pensé, du sujet et de l'objet, cette scission constitutive de la réflexion étant la marque de la finitude. La pensée infinie ne réfléchit pas : la réflexion est toujours un retard ; la présence à soi infinie de l'agir en tant qu'agir est bien distincte de la *représentation* où s'accomplit l'agir fini. Celle-ci surgit dès la représentation par laquelle le Moi qui est présence à soi se scinde, se distancie de lui-même, se fait objet de lui-même en se représentant comme une telle présence à soi : telle est l'activité inauguratrice de la réflexion. Il faut donc bien distinguer à l'intérieur de ce que l'on désigne parfois comme la réflexivité en général, ce qui précède la réflexion, à savoir la présence à soi de la pensée en sa pureté, et la réflexion proprement dite. Fichte est sur ce point on ne peut plus net.

Deuxième question

Il me semble qu'il faut éviter d'employer le mot de réflexion dans un sens trop large, métaphorique. Seul réfléchit à proprement parler l'homme. Et il ne réfléchit que s'il est plus que réflexion, à savoir le *sujet* de la réflexion. Hegel analyse ainsi la réflexion dans la Logique de l'essence, qui est encore la Logique objective : l'essence, intériorisation première, donc négation immédiate de l'extériorité à soi de l'être, est l'ultime affirmation de celle-ci, le devenir d'un *processus*, non pas déjà le Soi d'un *sujet*. L'esprit, surtout en son absoluité, ne peut être caractérisé par la seule réflexion. Il produit en sachant qu'il le fait, il crée, et, au lieu de l'être, il *a* la réflexion, simple moment fini de son agir infini.

Troisième question

Pour ce qui est du rapport entre la *réflexion sur soi* et la *réflexion sur autre chose*, il me semble qu'elles sont intimement liées, et que le mouvement de cette identité vraie consiste, pour l'esprit, à réfléchir sur soi en réfléchissant sur autre chose. Vouloir réfléchir immédiatement sur soi, c'est être démenti par le contenu même du Soi sur lequel on réfléchit, puisque celui-ci est fondamentalement exposition de soi. Schelling, pour l'évoquer lui aussi, déclare ainsi, dans ses cours introductifs à la philosophie de 1830, que « celui qui veut penser sur la pensée cesse par là même de penser ». Une telle relativisation, pour le moins, de la réflexion pure – comme réflexion sur soi – est opérée par tout l'idéalisme allemand, dans la mesure où, après Kant, il subordonne la *réflexion* à la *détermination*, à visée objective, « constitutive ». Le jugement kantien différenciant les jugements déterminants et les jugements réfléchissants est – comme tous les jugements philosophiques vrais – un jugement déterminant. La vérité de la réflexion est bien la détermination absolue qu'est l'auto-détermination, c'est-à-dire la liberté comme création du réel.

INTERVENTION DE MASSIMO FERRARI

Première question

Je me limiterai ici à rappeler l'importance de Descartes à l'intérieur de la tradition philosophique du néokantisme, notamment du néokantisme de l'école de Marbourg. L'interprétation néokantienne de Descartes qui a été développée surtout par Natorp dans son livre sur la théorie de la connaissance cartésienne (1882) et ensuite par Cassirer dans de nombreux ouvrages a un double mérite. D'un côté le néokantisme marbourgeois a lu la philosophie cartésienne en établissant une liaison très étroite avec la naissance de la science moderne, en particulier de la géométrie analytique. De cette façon les marbourgeois ont conçu le rationalisme de Descartes comme un rationalisme épistémologique plutôt que comme un rationalisme ontologique. De l'autre côté c'est justement à partir de cette interprétation que le néokantisme a donné une contribution remarquable à poser le problème de la subjectivité chez Descartes dans une perspective transcendantale : il ne s'agit pas seulement de rapprocher Descartes de Kant, le *cogito* de l'*Ich denke* (comme l'avait fait Natorp, en accusant Kant de n'avoir pas compris Descartes), mais il s'agit surtout de considérer la question du sujet transcendantal dans le sens d'une hetéro-réflexion : c'est-à-dire d'une réflexion qui remonte aux formes constitutives de la raison en partant du donné « extérieur » du savoir, de la connaissance scientifique et mathématique. Comme le dira le jeune Cassirer en 1899, la subjectivité dont parle Descartes est la subjectivité de la géométrie et de la méthode, ce n'est guère celle de l'individu entendu comme sujet anthropologique ou celle de l'intériorité augustinienne.

Deuxième question

Le concept de l'homme demeure bien sûr central pour la tradition du néokantisme dans la mesure où il s'agit pour cette tradition d'une extension de la philosophie transcendantale à la problématique de la culture. C'est bien vrai que chez Cassirer le sujet du processus culturel et des formations symboliques est l'esprit, et donc on pourrait voir ici une dette envers une forme d'hégélianisme fort modifié, qui a à faire avec le « sens », c'est-à-dire avec les significations symboliques et culturelles dont l'histoire de l'homme est l'expression. Mais bien que la racine véritable de la culture soit l'homme en tant que constructeur de son univers symbolique, il s'agit en tous cas d'une « philosophie anthropologique », pas du tout d'une « anthropologie philosophique » qui aurait l'ambition de fonder le monde de la culture comme si la nature pouvait déterminer la culture. Cependant Cassirer n'a pas saisi jusqu'au bout le problème de la cohabitation du côté anthropologique à l'intérieur de la philosophie transcendantale. En effet on pourrait soutenir que les difficultés du néokantisme ont ouvert la possibilité d'une alternative (ontologique) au kantisme entendu comme une théorie de la culture : voilà pourquoi nous sommes encore aujourd'hui renvoyés à la querelle entre Cassirer et Heidegger, à la conception de la philosophie comme orientation méthodique pour comprendre la culture humaine et à la conception de la philosophie comme dévoilement des structures du *Dasein*, pas du tout des formes culturelles ou symboliques.

D'ailleurs la tension entre anthropologie et ontologie constitue une tension assurément centrale, dès qu'il s'agit en effet de lire Kant et le kantisme selon deux perspectives fort différentes : d'un côté comme une théorie critique du savoir (hétéro-réflexion, qui pourtant constitue la présupposition de l'auto-réflexion), de l'autre comme une enquête sur les fondements de la structure ontologique dont l'homme est – pour ainsi dire – seulement une manifestation. Le pari de la philosophie de la culture de Cassirer nous semble consister dans l'ambition, d'un côté, d'éviter une simple anthropocentration de la réflexion en reconnaissant l'autonomie du « sens » et des formes symboliques, dont l'homme est en même temps le producteur et l'héritier (donc : la culture comme tradition donnée); et de l'autre côté dans l'ambition de n'oublier jamais l'homme comme valeur éthique, ou l'humanisme comme l'orientation véritable du progrès de la conscience au sens de Brunschvicg.

Troisième question

L'importance du néokantisme – une sorte de troisième voie entre ontologisation et anthropocentration du transcendantal – est à chercher dans la visée d'entendre la réflexion comme hétéro-réflexion, qui est toutefois à même de nous ouvrir la dimension de l'auto-réflexion. Mais à son tour, on pourrait entendre celle-ci comme une enquête sur les structures fondamentales du sujet qui organise l'expérience et qui est en même temps, au moins dans une certaine mesure, passif en face d'elle (on peut se référer ici au Husserl de *Erfahrung und Urteil*) : une problématique dont un néokantien tel que Cassirer aurait pu profiter beaucoup plus qu'il ne l'a jamais fait. C'est avec la reprise d'une « ligne » Cassirer-Husserl qu'on peut donner une réponse à la troisième question, en rappelant tout d'abord la problématique de la topique kantienne.

On peut entendre mieux ce que Kant appelle topique transcendantale si l'on considère la polémique que Kant conduit dans la *Critique de la raison pure* avec Leibniz. Puisque Leibniz n'avait guère considéré la sensibilité comme une faculté autonome et *a priori*, il n'était pas à même – pour Kant – de comprendre l'exigence d'une topique et, plus généralement, d'une réflexion transcendantale, c'est-à-dire d'une réflexion qui détermine la place des représentations par rapport à l'entendement pur ou à la sensibilité pure. Or le néokantisme de Marbourg a donné, on le sait bien, une interprétation néoleibnizienne de Kant, visant à surmonter l'opposition entre sensibilité et entendement, entre l'intuition et la pensée pure. À ce propos, il suffira de souligner que pour le néokantisme de Marbourg le kantisme corrigé par Leibniz a comporté une conséquence systématique fort remarquable : la réflexion transcendantale a été comprise plus dans le sens d'une hétéro-réflexion que dans le sens d'une auto-réflexion. Ou, pour mieux dire, les deux sortes de réflexion sont devenues dans une certaine mesure d'une seule sorte : réfléchir sur les conditions de possibilité des faits de la science et de la culture en général signifie remonter aux structures fondamentales de la pensée pure et, avec un décalage ultérieur, à la subjectivité elle-même, qui n'est pas – comme le montre la « psychologie générale » de Natorp – le point de départ, mais plutôt la tâche infinie d'une détermination régressive, qui va de l'objectivité à la subjectivité.

Cependant le néokantisme de Marbourg, même dans la formulation plus nuancée et culturaliste de Cassirer, est allé si loin sur la voie de l'oubli de la sensibilité qu'il faudrait se disposer à une nouvelle « recherche » de la sensibilité « perdue » (et plus largement de la subjectivité elle-même). Dit autrement : le néokantisme de Marbourg vise à une théorie du savoir et de la culture, dont on dégage les conditions transcendantales à travers une hétéro-réflexion. La tâche qu'il n'a pas accompli c'est de rejoindre le niveau de la subjectivité transcendantale au sens de l'enquête sur le « fruchtbare Bathos » de la sensibilité que Husserl reprochait à Natorp de n'avoir pas thématisée. C'est donc le débat entre néokantisme et phénoménologie qui nous invite encore aujourd'hui à une aventure d'idées qui, peut-être, nous permettra de penser autrement l'unité des deux réflexions.

Intervention de Jean-Marie Lardic

Première question

La référence au *cogito* chez les postkantiens est paradoxale et multiforme. Ainsi Fichte n'évoque le principe cartésien que comme un *je suis*, différent, en tant qu'il s'identifie au Moi pur, de sa représentation, et lié à la pure activité positionnelle du Moi. Le *cogito* n'est précurseur que dégagé de sa portée cogitative ! Fichte inverserait même la formulation en *Sum, ergo cogito*, car les *Méditations personnelles* distinguent la position et la présentation de la représentation, selon le sens de la réflexion proprement philosophique par laquelle le moi fini réfléchit sur le mouvement génétique du Moi infini.

Schelling considère d'ailleurs comme limité un *cogito* ne permettant que l'affirmation conditionnée : *Sum cogitans*, et, à Munich, il indique encore le décalage entre l'affirmation immédiate à laquelle croit se tenir Descartes, et la réflexion de la pensée sur soi qui en limite la portée, de sorte qu'on dirait plutôt : *Ça pense en moi*. Hegel souligne par contre ce caractère immédiat de l'affirmation de la pensée qui empêche Descartes de déduire d'autres déterminations, n'indiquant que les représentations qu'il *trouve en lui*.

Si cette référence est incontournable, et l'appréciation moins négative que celle de Kant qui se différencie surtout du *je pense* cartésien, elle souligne pourtant une insuffisance et la nécessité méthodique d'une vraie principiation.

Deuxième question

Si la réflexion caractérise l'homme dans son mode de connaissance différent de l'entendement divin chez Kant, dans le domaine moral elle trouve son enjeu par le lien entre la singularité du sujet et sa propre universalité. La dualité de la conscience et l'écart vis-à-vis de soi-même définissent ainsi l'homme qui, en ses actions, conçoit un autre que soi comme *juge idéal* que la raison se donne. Le double moi de la réflexion morale, loin d'aliéner, permet d'exiger de soi autre chose que ce qu'on est, évitant la contradiction d'un sujet réifié coïncidant avec soi.

Pour Fichte, la conscience de soi finie de l'homme manifeste la réflexivité du Moi, limité par le Non-Moi, mais elle est ancrée dans l'activité du Moi absolu qui rend le fini pensable mais pose une origine inassignable. La pure activité du Moi en effet ne s'identifie pas à une pensée, mais à un JE différent de l'objectivité. Seule l'activité pratique mène au Moi pur par dépassement de la limitation et non comme retour réflexif à un soi présupposé.

Hegel refuse cette dimension seulement pratique de l'identification au Principe et le refoulement de la réflexivité, la réflexion de l'Absolu permettant à l'homme de retrouver, dans la pensée du réel, l'autodétermination de Dieu. Mais la réflexion essentielle indique à la fois que l'essence n'est pas close sur soi, et que l'être immédiat ne se suffit pas. L'Absolu dans son autodifférenciation s'extériorise donc et la reconnaissance de l'effectivité désigne l'homme comme intériorisation de la nature par l'esprit et manifestation de l'Esprit infini.

Troisième question

Il y a dualité conceptuelle de la réflexion. La réflexion permet d'abord à Kant de dénoncer la confusion entre propriétés logiques et déterminations du sensible et justifie le jugement réfléchissant dans la différence entre intuition singulière et concept universel. Cette extériorité pousse à critiquer l'intelligibilité immédiate de Leibniz ou inversement la présupposition par Locke de qualités sensibles reprises par la réflexion. Le but poursuivi par Hegel, qui saisit la réflexion de l'immédiateté par l'autonégation de l'essence, est dès la réflexion posante de mettre en évidence la médiation nécessaire à la prédication. Si l'immédiat a un droit comme présupposé, au titre de la réflexion qui se définit comme extérieure, il n'est pourtant que posé par la pensée qui se détermine en lui. Les déterminations de réflexion ne sont pas celles d'un intelligible clos sur soi, mais la loi du réel qui n'a de fondement que dans ses conditions effectives, la pensée garantissant son indépendance. Ainsi la réflexion implique au delà d'elle-même l'extériorisation, et la différence entre réflexion extérieure et autoréflexion se supprime.

Mais on retrouve la position autoréflexive dans l'éthique communicationnelle contemporaine, par la justification des normes de l'action comme valides si elles peuvent recevoir l'accord de tous les concernés qui participeraient à une discussion pratique. Le tournant pragmatique et linguistique conduit à une reformulation de l'impératif catégorique tenant compte de l'importance du monde vécu. Cela suppose, pour Habermas, que tout se passe *heureusement* de sorte que des formes de vie favorables à l'intercompréhension se développent dans l'histoire, sans garantie rationnelle, ni philosophie de l'histoire. Cette insuffisance conduit Apel à dégager la non-contradiction performative impliquant l'accord de chacun avec soi-même ou l'*autocompréhension*. Tel est le processus de rationalisation du monde vécu, fondant réflexivement l'éthique de la discussion.

Pourtant on peut faire valoir que cette perspective fondationnelle ne tient pas assez compte de la médiation et de la contingence. N'est-ce pas à l'éthique d'instaurer dans les conditions réelles de l'existence une rationalité dont manquent les hommes sans motivation pour la réflexion? À moins d'admettre la morale comme *fait de la raison*, il faut indiquer le rôle de l'action dans le monde pour promouvoir l'accord et l'autocompréhension. L'autoréflexion est subordonnée à la dimension pratique et appelle à réfléchir sur les cas en éthique comme le veut Wellmer, critiquant et le transcendantalisme et l'empirisme. La réflexion n'est pas immédiate et répond à la sollicitation de l'autre par delà auto ou hétéroréflexion. Il s'agit de favoriser la réflexion de tous pour que chacun accomplisse un acte juste dans le conflit des devoirs et la différence des cas. Mais la pratique de la réflexion dépasse une base consensuelle factuelle. L'éthique est la présupposition effective d'une culture du dialogue. L'opposition du discours à la violence était signe, pour Weil, d'une morale effective et réflexive. L'universalité réflexive n'est possible que par l'intersubjectivité réfléchissante. Si le soi se reconnaît, se réfléchit dans l'autre, c'est l'autre qui, d'abord, donne à réfléchir.

Intervention de Claire Marin

Au sein de la philosophie française des XIXe et XXe siècles, l'élaboration de la notion de réflexion s'appuie, pour la développer ou la contester, sur la référence au cogito cartésien. Le premier courant interprétatif, de type idéaliste, porté par les écrits de Valéry ou Sartre[7], fait l'éloge de la puissance de la pensée mise en évidence par le cogito. Cette lecture souligne la découverte de l'efficace de la pensée, source véritable de la liberté, « puissance d'affirmation », le cogito est le lieu de révélation de cette liberté « originelle et constituante »[8]. L'idée d'autonomie, mise en exergue par Sartre, constitue précisément le point de cristallisation de la critique présentée par une deuxième orientation philosophique qui, de Maine de Biran à Michel Henry, stigmatise le cogito cartésien pour son oubli de l'incarnation et sa prétention à la transparence. Sous l'impulsion de Biran, la critique du cogito devient un « rite philosophique »[9] qui marque l'écriture française des XIXe et XXe siècles. Descartes symbolise la figure de la réflexion distanciante et aveuglée, c'est-à-dire oublieuse de ses liens avec ce qui la précède, qu'il s'agisse de nature, de spontanéité, ou encore d'irréfléchi, concept qui prend une importance grandissante dès le XIXe siècle. Se dessine à partir de Maine de Biran une arborescence philosophique qui s'appuie sur cette notion d'irréfléchi et mène à la redéfinition d'un cogito incarné ou affectif, tel que le présentent les philosophies de G. Marcel, Merleau-Ponty, Ricœur ou encore Michel Henry. Selon Biran, la réflexion ne peut plus être pensée comme distance, mais comme concentration. Deux données sont significatives : l'importance du terme « repli » pour développer cette conception de la réflexion dans l'insistance et la présence à soi[10], et la substitution au paradigme spéculaire (l'image réfléchie par un

---

7 P. Valéry, *Variété, Œuvres I*, Paris, Gallimard, 1957 « Une vue sur Descartes », « Seconde vue sur Descartes » ; J.-P. Sartre, *Situations I*, Paris, Gallimard, 1947, « La liberté cartésienne ».

8 J.-P. Sartre, « La liberté cartésienne », *op. cit.*, p. 308.

9 Selon l'expression de H. Gouhier, *Les conversions de Maine de Biran*, Paris, Vrin, 1948, p. 271.

10 Comme l'analyse G. Romeyer Dherbey, *Maine de Biran ou le penseur de l'immanence radicale*, Paris, Seghers, 1974, p. 56.

miroir) de celui de l'ouïe[11]. S'il y a dualité dans le sujet, qui parle et s'entend parler, est actif et passif tout à la fois, elle n'est pas scission interne, elle est retour sur soi, identification de soi comme cause effective. Pour Merleau-Ponty, la critique de la réflexion cartésienne rend nécessaire une « réflexion radicale » c'est-à-dire littéralement une réflexion qui revienne à sa racine ou son foyer d'émergence, l'irréfléchi[12]; une réflexion « conscien[te] de sa propre dépendance à l'égard d'une vie irréfléchie qui est sa situation initiale, constante et finale »[13]. Chez Ricœur s'exprime le même refus d'un détachement et d'un exil du soi dans sa prétention à l'autoposition et la nécessité d'un accueil non plus d'une « effigie de son corps et d'une effigie l'autre », mais de la « spontanéité nourricière »[14]. L'expérience du cogito doit ainsi être complétée, il s'agit d'« accéder à une expérience intégrale du Cogito jusqu'aux confins de l'affectivité la plus confuse [...]. L'expérience du cogito enveloppe le je désire, je peux, je vis et, d'une façon générale, l'existence comme corps »[15]. L'idée d'un cogito lacunaire est également reprise par M. Henry qui voit dans les impensés de Descartes la marque d'une prédominance de la raison abstraite et mathématique. La nature affective de la pensée constitue le point aveugle de l'analyse cartésienne[16]. D'autres philosophes interprètent le cogito comme l'expression d'une pensée réductrice ou normative, « oubliant » par exemple la rapport au temps ou à l'irrationnel. Deleuze y lit la trace du « mythe de l'instantanéité »[17] : « Descartes ne concluait qu'à force de réduire le Cogito à l'instant, et d'expulser le temps, de le confier à Dieu dans l'opération de la création continue. »[18] D'après Foucault, le traitement du cogito est symptomatique d'un certain discours normatif sur l'être, il trahit le monopole de la parole rationnelle et l'exclusion de l'altérité radicale que représente la folie. Il interdit par là-même tout accès à « l'état sauvage »[19].

Comment comprendre alors la réflexion ? Puissance de séparation ou d'unification ? C'est la possibilité même d'une coïncidence qui se joue dans cette question. Coïncidence du sujet avec lui-même, avec un principe transcendant ou une nature immanente, ou bien irréductible différence appréhendée dans et par la réflexion ? Derrida souligne l'impossibilité de la ré-

11 MAINE DE BIRAN, *Essai sur les fondements de la psychologie*, Œuvres complètes, t. VII, Paris, Vrin, 2001, p. 483 : « L'individu qui émet un son et s'écoute a la perception redoublée de son activité. Dans la libre répétition des actes que la volonté détermine, il a conscience du pouvoir qui les exécute, il aperçoit la cause dans son effet et l'effet dans sa cause : il a le sentiment distinct des deux termes de ce rapport fondamental, en un mot, il réfléchit ».

12 M. MERLEAU-PONTY, *Phénoménologie de la perception*, Paris, Gallimard, 1945, p. IV : « ma réflexion est réflexion sur un irréfléchi, elle ne peut s'ignorer comme événement dès lors elle s'apparaît comme une véritable création, comme un changement de structure de la conscience. »

13 *Ibid.*, p. IX.

14 P. RICŒUR, *Philosophie de la volonté*, t. II *Le volontaire et l'involontaire*, Paris, Aubier, 1950, 1988, p. 17.

15 *Ibid.*, p. 12-13.

16 M. HENRY, *Philosophie et phénoménologie du corps*, Paris, PUF, 1965, (3e éd. 1997), p. 197 : « La vérité est que la pensée est affective. Le préjugé cartésien est qu'elle ne saurait l'être ».

17 G. DELEUZE, *Différence et répétition*, Paris, PUF, 1968, (6e éd. 1989), p. 118.

18 *Ibid.*, pp. 116-117.

19 M. FOUCAULT, *Histoire de la folie* à l'âge classique, Paris, Gallimard, 1972.

flexion à se saisir comme source, l'inévitable différence qui sépare le reflet du reflété [20]. Sartre distinguait déjà la réflexion pure qui reconnaît sa vacuité de la réflexion complice, séduite par la plénitude de l'en-soi [21]. Là où Sartre et Derrida affirment l'illusion d'une telle coïncidence, Ricœur, s'appuyant sur la distinction de G. Marcel entre réflexion primaire (analytique) et secondaire (récupératrice) [22], évoque un rythme ou une pulsation de la réflexion, en deux temps [23]. Comme si la réflexion obéissait à cette nécessaire épreuve, comme si elle devait résister à la résistance, pour atteindre l'indubitable par cette médiation.

Intervention de Jean-Louis Vieillard-Baron

La réflexion est un maître-mot de la philosophie hégélienne. Pour la comprendre, il faut partir de la Préface de la *Phénoménologie de l'Esprit*, où le dédoublement de la substance vivante en tant que sujet permet le mouvement dialectique de la « réflexion en soi-même dans l'être-autre ». C'est alors que la réflexion dépasse le stade simple du reflet, qui n'est pas un vrai dédoublement. Qu'on y fasse bien attention. Il ne s'agit pas ici de métaphore.

La première distinction qui importe est celle de la réflexion d'entendement et de la réflexion spéculative. Hegel interprète spéculativement le Cogito cartésien comme une réflexion du sujet sur lui-même posant l'identité de l'être et de la pensée. La réflexion d'entendement, au contraire, est celle des « philosophies de la réflexion », de l'empirisme et du criticisme, en lesquels la conscience connaissante est posée comme extérieure par rapport aux objets et à leur diversité infinie. Cette réflexion est anthropologique.

Mais il y a une réflexion ontologique ou spirituelle qui est le savoir que l'Esprit prend de lui-même. Hegel assimile réflexion et savoir de soi. La philosophie, comme savoir absolu, est le savoir de soi de l'Idée en tant qu'Esprit. La dimension anthropologique de la réflexion est ainsi englobée dans une réflexion plus large et plus profonde qui est celle de l'Esprit absolu en sa forme achevée, à savoir la philosophie. La philosophie hégélienne n'est pas une philosophie de la conscience ni une philosophie du concept; elle est une philosophie de l'Idée qui se réfléchit elle-même comme Esprit. La réflexion a ainsi d'abord, en tant que pensée pure, une dimension subjective, celle de la subjectivité essentielle de la pensée comme Idée vivante dans le monde des Idées; elle s'inverse en laissant être son Autre purement extérieur, la Nature; elle retourne en elle-même – et c'est ici que s'accomplit la réflexion absolue – dans l'Esprit qui est subjectif en tant que conscience, objectif en tant qu'institutions et histoire, absolu en

---

20 J. DERRIDA, *La grammatologie*, Paris, Minuit, 1967, p. 55.

21 J.-P. SARTRE, *L'être et le néant*, Paris, Gallimard, 1943, p. 287 : » la réflexion est le drame de l'être qui ne peut pas être objet pour lui-même ».

22 G. MARCEL, *Journal métaphysique*, Paris, Gallimard, 1927, p. 324 : « C'est ainsi que le rôle de la réflexion – qu'elle s'exerce sur le sentir ou sur l'agir- consiste non point à morceler, à démembrer, mais tout au contraire à rétablir dans sa continuité le tissu vivant qu'une analyse imprudente avait disjoint »

23 P. RICŒUR, *Lectures 2*, « Réflexion primaire et réflexion secondaire chez Gabriel Marcel », Paris, Seuil, 1999, p. 59.

tant que manifestations suprêmes de sa liberté dans l'art, la religion et la philosophie.

Le concept de réflexion lui-même est au cœur de la démarche hégélienne en sa vérité globale. Le plus difficile à saisir dans l'hégélianisme est le fait que c'est l'Idée qui se donne à elle-même la réalité effective. Et que ceci n'abolit pas les données de l'expérience. La réflexion spéculative est riche de tout un contenu empirique, mais elle ne le considère pas comme un donné brut, mais au contraire comme le produit d'une rationalité objective qui vient concorder avec la rationalité subjective. On peut illustrer ceci par l'exemple des *Principes de la Philosophie du Droit* de 1821, qui ne sont que l'excroissance de l'encyclopédie concernant l'esprit objectif. Tout ce que l'histoire des hommes a apporté n'est pas nié ni rejeté, mais, pour être compris, il doit être compris comme l'incarnation du Concept. La vérité des États empiriques, si déficients soient-ils, est dans ce qu'ils expriment de l'Idée de l'État; et, inversement, l'Idée de l'État ne saurait être identique à aucun État empirique particulier. De la même façon aucune philosophie particulière, même celle de Hegel, n'exprime absolument l'Idée de la philosophie. La réflexion spéculative est ce qui permet de comprendre à la fois la concordance de la rationalité subjective (la Logique) et de la rationalité objective (l'État et l'histoire universelle), et en même temps le décalage qui subsiste entre l'Idée et l'histoire, entre l'Esprit et les formes de sa manifestation.

Il ne s'agit pas avec Hegel de nier l'expérience, mais de refuser toute identification du réel avec le donné brut. La tradition réflexive française a repris en ce sens l'héritage hégélien, en particulier Louis Lavelle, dans la dialectique de l'opération et de la donnée, en laquelle il montre que ne peut être considéré comme donné qu'un immédiat qui s'offre à la médiation comme un point de départ d'une opération, autrement dit d'un acte. La thèse non anthropologique mais spéculative de *De l'Acte* (réédité en 1994) est que la réalité effective n'est pas ce qui est constaté mais ce qui est agi, par un acte qui ne se réduit pas à l'action humaine. La lignée de l'autoréflexion posante n'est pas aujourd'hui totalement éclipsée; on en trouve des traces explicites, par exemple, chez Ricœur, chez Michel Henry, chez Vittorio Hösle.

Rev. Sc. ph. th. 90 (2006) 79-86

DEUXIÈME TABLE RONDE

RÉFLEXION ET PHILOSOPHIE PRATIQUE

Présidence Jean FERRARI[1], avec Anne BAUDART[2], Monique CASTILLO[3], Claude PICHÉ[4], Jérôme PORÉE[5].

INTRODUCTION

par Jean FERRARI

Avec une attention particulière à l'idéalisme allemand et sans prétendre à une inconcevable exhaustivité, cette deuxième table ronde s'est attachée à une réflexion sur les rapports entre la théorie et la pratique, la réflexion et l'action morale, à quelques moments significatifs de l'histoire de la philosophie. Pourrait-on concevoir une philosophie pratique sans réflexion et la philosophie ne se donne-t-elle pas dès son origine comme connaissance du vrai et pratique du Bien ? Ingeborg Schüssler l'a rappelé dans sa conférence inaugurale « la réflexion vise la certitude et assure la liberté ». Le champ de la réflexivité ne saurait faire l'économie du Je éthique et celui-ci ne saurait se penser sans réflexion. Il importait précisément d'abord de rappeler les origines et la haute figure de Socrate qui ne sépare pas le salut de l'individu de celui de la cité. Tel sera le propos d'Anne Baudart. Claude Piché évoquera le moment kantien, capital dans la constitution d'une philosophie pratique moderne et la recherche de son fondement chez Fichte. Enfin nous nous proposerons deux ouvertures originales. La première, de Jérôme Porée, reprend, en s'appuyant sur les mêmes philosophes, la question, sinon du fondement, du moins de la source ou d'une des conditions de possibilité de la réflexion morale en se tournant vers la sensibilité dont l'affinité avec la raison paraît indéniable, telle qu'elle peut se manifester par exemple dans l'expérience de la souffrance. Monique Castillo enfin, donnant à l'autre

---

1. Professeur à l'Université de Bourgogne, Président de l'ASPLF.
2. Agrégée de philosophie et maître de conférences à l'Institut d'Études Politiques de Paris.
3. Professeur à l'Université de Paris XII.
4. Professeur à l'Université de Montréal.
5. Professeur à l'Université de Rennes.

et à autrui la place première qui leur revient dans la construction d'une philosophie pratique évoquera l'approche relationnaliste.

INTERVENTION DE ANNE BAUDART : SOCRATE, UNE FONDATION ÉTHIQUE ET POLITIQUE

Comment encore parler de Socrate après vingt-cinq siècles? Le peut-on? Le doit-on? Socrate désigne-t-il une figure exemplaire qui appelle un commentaire sans fin où chacun se retrouve parce que rien, chez le philosophe grec, n'est clos, définitivement établi, dans un système déterminé, figé par l'écrit? Ce contemporain de la démocratie athénienne, qui a connu à la fois l'apogée et le déclin du régime de l'égalité et de la liberté, ne s'est jamais laissé prendre aux mirages du pouvoir politique, au point de dire – lors de son procès, en 399 – que s'il avait fait de la politique, il en serait mort depuis longtemps et n'aurait été alors d'aucune utilité morale ou civique, ni pour lui-même ni pour autrui (Platon, *Apologie de Socrate*, 31 d – e).

Socrate se présente à ce procès comme quelqu'un qui, sa vie durant, a aspiré « à combattre pour la justice ». Il ajoute : « Celui qui aspire vraiment à combattre pour la justice, s'il tient à rester en vie, si peu de temps que ce soit, doit demeurer un simple particulier et se garder de devenir un homme public » (*Ap. de S.*, 32 a). Méfiance excessive envers la politique? Crainte du pouvoir et des corruptions inhérentes, trop souvent, à son exercice? Volonté d'affirmer une posture plus éthique que politique? Comment comprendre la réserve socratique?

L'on sait que pour Platon, le devoir indispensable du philosophe est de gouverner par amour de la cité, non pour l'honneur ou la gloire personnelle, mais « pour le bien public » (*République*, VII, 540 a – b). Le vrai politique est « un homme divin », pour reprendre les termes du *Ménon* (99 d). Il doit regarder la justice comme la chose la plus importante et la plus nécessaire, se mettre à son service, la faire « fleurir » et organiser selon ses lois la cité (*République*, VII, 540 e). Le mépris du pouvoir est même la condition de son bon exercice et le signe du « vrai philosophe » (*République*, VII, 521 b).

Platon a-t-il appris de son maître cette attitude de défiance vis-à-vis d'un pouvoir politique qui, s'il est pris pour une fin en soi, semble voué à corrompre le meilleur des hommes? Son insistance à le fonder sur la science et la contemplation du Juste, autre nom du bien public, provient-elle de là? La politique serait bonne à la condition de regarder toujours vers la source du Bien, pour imiter le mieux possible la perfection du modèle, s'en inspirer, le communiquer, façonner l'ordre de la cité à son image.

Socrate, dans le *Gorgias*, affirme à Calliclès, « être le seul qui cultive le véritable art politique (*politikè tekhnè*) et le seul qui mette aujourd'hui cet art en pratique ». Il ne cherche jamais à plaire par son langage, et a toujours en vue le Bien, et non l'agréable (*Gorgias*, 521 d). Le combat de Socrate pour la vertu – pratique et visée constante du bien – illustre, à sa façon, le propos platonicien du *Ménon* (99 d et 100 a). Chez ceux qui la possèdent, la vertu ne provient pas de la nature, ni de l'enseignement, elle résulte d'une faveur divine (*theia moïra*). Le « dieu » de Socrate fait-il de lui un véritable praticien de la politique, au sens le plus noble de ce terme : la mise en œuvre de la concorde, de la justice, de la paix, par un souci constant de faire advenir le meilleur dans la sphère privée et publique, l'une et l'autre scellées par un lien indéfectible. Le souci de soi et d'autrui est au cœur de l'entreprise socratique. Les témoins du Socrate historique – Platon, Xénophon – n'ont pas manqué de le mettre en scène selon leurs talents respectifs.

Mais alors manquerait-on quelque chose d'essentiel en Socrate en ne voyant en lui que la fondation éthique ? Jean Ferrari, dans *Socrate pour tous* (Vrin, 2003) montre combien le philosophe grec apprenait à philosopher par « l'apprentissage en commun du vrai dans le domaine de l'éthique... Ni physicien, ni politique, mais seulement accoucheur des esprits, éveilleur des consciences, réformateur moral ». Politique au sens courant, Socrate ne l'était assurément pas. Sa maïeutique le montre soucieux du bien commun, comme personne, dans l'ordre éthique, intellectuel, mais aussi en ce qui concerne les choses de la cité. Le bien, le bon et l'utile forment alors une combinatoire harmonieuse chez celui qui affirme son inscience, exhorte à la kénose, et questionne inlassablement pour que personne ne soit pris au piège de ses propres certitudes, de ses préjugés, de ses opinions et orientations premières. Réformateur des mœurs, assurément, mais aussi réformateur de la cité. Le dieu lui a confié le salut moral et politique d'Athènes. Le dessein de justice habite Socrate partout et auprès de tous : individus et citoyens, riches et pauvres, hommes et femmes. La double réformation éthique et politique s'adresse à tous et donne à la réflexion pratique de Socrate une dimension d'universalité et d'exigeant partage communautaire.

Cette volonté de viser le meilleur concerne autant l'individu que le corps social. Si la politique, vue et définie comme science architectonique – selon les termes mêmes d'Aristote, proche en cela de la lettre et de l'esprit platoniciens –, « légifère sur ce qu'il faut faire et sur ce dont il faut s'abstenir, si elle détermine le bien proprement humain, individuel et collectif », elle se trouve magistralement incarnée, en sa vocation même, par le philosophe d'Athènes condamné pour impiété en 399. Platon et Aristote affirment l'un comme l'autre l'identité du bien individuel et du bien collectif, mais aussi la supériorité du second sur le premier (Aristote, *Éthique à Nicomaque*, I, 1). À ce titre, Socrate détient valeur de figure exemplaire qui n'a pas craint de mourir, accusé injustement d'athéisme, parce que son attitude était dictée, au quotidien, par un dieu inconnu des Athéniens. Le religieux, l'éthique et le politique s'imbriquent dans le philosophe au point de forger une *atopia* remarquée et gênante pour les pouvoirs en place.

Dissonant par rapport à la norme établie, critique de la « morale close » de la cité athénienne, comme de sa démocratie déréglée, si éloignée des valeurs de sa fondation, Socrate, hier comme aujourd'hui, peut être perçu comme « un individualiste » et un politique, « un bon démocrate » autant qu'un moraliste, un enthousiaste, « prêt à critiquer les défaillances de tout gouvernement, mais estimant que les lois de l'État doivent être respectées ». Karl Popper souligne, en ces termes, la valeur exemplaire de l'individu Socrate, épris de raison, de civisme, dans sa mission éducative, dans sa maïeutique, dans sa manière de vivre et de mourir (Popper, *La société ouverte et ses ennemis*, Seuil, p. 109 et sq.). La modestie du philosophe, doublée d'un sens aigu de la chose publique, force le respect, souligne Popper, aimant à l'opposer au « demi-dieu totalitaire » que représente pour lui Platon !

« Par ses discours et par ses actes, il rendait plus justes ceux qui l'approchaient », note Xénophon (*Mémorables*, IV, 4, 25). Et Platon, à la fin du *Phédon*, choisit trois qualificatifs pour désigner l'excellence de l'homme qui vient de mourir, sans révolte ni ressentiment pour quiconque : « le meilleur, le plus sage, le plus juste » (*Phédon*, 118 a). Le dernier paragraphe des *Mémorables* salue et honore l'homme « pieux, intelligent et juste » que fut Socrate, qui « rendait meilleur ceux qui cultivaient sa société » (*Mémorables*, IV, VIII, 11 et I, IV, 1). Les deux témoins oculaires du philosophe d'Athènes veulent que les générations futures gardent de lui le souci constant du salut des individus et des citoyens dont jamais il ne s'est départi. Si Socrate n'a jamais fait de politique, au sens étroit du terme, il a passé une bonne partie de sa vie à former ceux qui allaient œuvrer pour la chose publique, à les guider ou, le cas échéant, à les mettre en garde, voire les critiquer, pour tel ou tel de leurs choix et agissements (*Mémorables*, I, 6, 15 ; I, 1, 16 ; IV, 2, 26-27 et Platon, *Alcibiade* I, 134 a – c). Il plaçait si haut la question du salut de l'État que seul le véritable philosophe – et non le philodoxe – pouvait s'y consacrer. L'exemplarité socratique ne fonde-t-elle pas, à bien des égards, la sotériologie politique de Platon ?

INTERVENTION DE CLAUDE PICHÉ : LES MULTIPLES NIVEAUX DE LA RÉFLEXION CHEZ FICHTE

Si le thème de la réflexion est clairement présent dans la première et la troisième *Critique* de Kant, on ne peut en dire autant de la *Critique de la raison pratique*. Peut-être cela est-il dû au fait que cette dernière ne comporte pas de « déduction » à proprement parler, Kant se voyant contraint d'admettre que la loi morale est en somme un « fait » de la raison. En revanche, si l'on se tourne du côté de la philosophie morale de cet héritier de Kant qu'est Fichte, on constate que le concept de réflexion est mis à contribution de manière importante.

Non pas que Fichte nous propose une morale qui soit foncièrement différente de celle de Kant. Bien au contraire, au plan de la thématique, Fichte a littéralement pillé la *Critique de la raison pratique* : il a repris pour son compte l'autonomie, l'impératif catégorique, le devoir, le respect, le formalisme, la distinction entre moralité et légalité etc. S'il y a une différence entre les deux œuvres, elle tient en vérité à l'ambition théorique de la seconde : édifier un *Système de l'éthique d'après les principes de la doctrine de la science* (1798). Or la référence à cette « doctrine » change tout. Les prémisses philosophiques ne sont plus les mêmes, elles sont plus radicales, en sorte que ce système dispose de moyens théoriques auxquels Kant ne pouvait pas même songer.

Déjà dans l'intitulé du premier chapitre, Fichte oppose une fin de non recevoir aux résultats mitigés auxquels était parvenue la seconde *Critique*. Ce chapitre s'intitule en effet « Déduction du principe de la moralité ». C'est dire que Fichte entend réussir là où le maître a échoué. S'arrêter devant la factualité brute, même en précisant qu'il s'agit de l'unique fait de la raison, c'est là un aveu d'impuissance de la part du philosophe, alors que le but de la démarche transcendantale consiste précisément à aller au-delà du fait pour en retracer la genèse. Il s'agit là bien sûr d'un geste typique chez Fichte, qui déjà dans sa « Recension de l'Énésidème » (1794) substituait à la *Tatsache* reinholdienne sa fameuse *Tathandlung*. Fichte refuse de s'arrêter devant les faits de conscience prétendument irréductibles. Il réitère donc ce geste à l'endroit de Kant en s'attaquant au fait de la loi morale, qui à l'époque était en voie de devenir selon lui une *qualitas occulta* (52).

Or, dans l'approche génétique de l'expérience morale prônée par Fichte, le thème de la réflexion n'est pas mobilisé exclusivement par le discours philosophique, qui se doit bien évidemment d'opérer un recul réflexif par rapport à son objet afin de le décrire. Ce thème présente de surcroît un intérêt pour notre propos dans la mesure où la réflexion est aussi le fait du sujet moral lui-même, considéré au simple point de vue de la conscience commune. En d'autres mots, la réflexion est constitutive, et ce à plusieurs niveaux, de l'expérience morale telle qu'elle est vécue par le sujet. Le mérite de Fichte consiste alors à avoir su dégager les multiples médiations qui sont impliquées, voire imbriquées, dans la vie morale. Et ces médiations prennent la forme d'une réflexion opérée par la conscience commune elle-même, encore que ce soit parfois à son insu. On ne peut qu'être admiratif face au travail de Fichte qui, avec une virtuosité extraordinaire, met au jour les multiples strates réflexives qui sont sous-jacentes à ces manifestations de surface que sont la loi morale et le sentiment de respect.

Sans entrer dans les détails de cette déduction, il convient de citer trois courts extraits qui illustrent le discernement dont Fichte fait preuve lorsqu'il a recours au terme de la réflexion. 1) Il se doit de faire le partage entre la réflexion qui soutient le discours philosophique et la réflexion inhérente à son objet : « Nous qui philosophons étions de simples spectateurs d'une auto-intuition du moi originaire ; ce que nous exposions n'était pas notre pensée, mais une pensée du moi, l'objet de notre réflexion était lui-même une réflexion » (43). 2) Le philosophe doit convenir que, pour les fins de l'explication, il est souvent contraint de scinder dans l'exposé ce qui ne constitue en fait qu'une seule et unique réflexion : « qu'on veuille bien tout d'abord ne pas penser les deux réflexions que nous venons de distinguer comme séparées en fait l'une de l'autre, ainsi qu'il nous a fallu les séparer à l'instant, ne serait-ce que pour pouvoir nous exprimer » (134). 3) Ce qui rend extraordinairement difficile la tâche de la philosophie transcendantale, c'est que bien souvent la réflexion opérée par le sujet pratique n'affleure pas à la conscience : « dans cette réflexion, le moi n'est pas conscient de lui-même comme d'un être réfléchissant ; par conséquent, il lui faut admettre, quant à lui, que l'aspiration présente en lui est un produit de la nature, bien que des observateurs extérieurs à lui et nous-mêmes, du point de vue transcendantal, trouvions le contraire » (153). Ces extraits indiquent que tant du point de vue de la méthodologie que de la chose même, à savoir l'expérience morale de la conscience commune, Fichte a recours de manière systématique à la réflexion. Il cherche de cette manière à approfondir la philosophie kantienne, à laquelle il reproche de ne nous livrer que des résultats tout faits, sans nous en montrer le processus d'engendrement.

INTERVENTION DE JÉRÔME PORÉE : LA RÉFLEXION AVANT LA RÉFLEXION

Comme le suggère la discrimination platonicienne des « genres de vie », la philosophie elle-même est l'objet d'un choix et ce choix est, dans son essence, un choix moral : c'est le choix de la raison, dans le cadre d'une alternative dont l'autre terme est la violence. Qu'il s'agisse d'un choix réflé-

chi, c'est ce qu'implique l'impératif qui le suscite et la distance qu'il introduit entre la *vie philosophique* et la *vie naturelle.*

Le philosophe cependant est d'abord un homme – un homme, c'est-à-
dire un être à la fois fini et raisonnable. La question se pose donc : comment un être fini peut-il choisir la raison ? Comment, autrement dit, la raison peut-elle sortir de sa primitive indifférence et se manifester à lui
comme une tâche ? D'où procède l'ouverture de l'alternative qui donne
carrière au choix de la philosophie, s'il est le choix de la vie que nous devons mener ? On ne sépare pas, ce disant, la réflexion de son objet. Et l'on
cherche à savoir à la fois *comment naît la réflexion* et *comment la raison
devient pratique.*

On croise ici l'énigme kantienne du « fait de la raison ». Cette énigme est
en effet celle du pouvoir qu'aurait la raison de se manifester dans un sentiment qui inverse le cours normal de la vie sensible et qui inscrit dans
celle-ci l'opposition de l'être et du devoir-être : comment un tel sentiment
est-il possible ? Comment la sensibilité peut-elle devenir elle-même le lieu
de manifestation de la raison ? L'action de la raison sur la sensibilité
n'implique-t-elle pas une sensibilité réceptive à l'action de la raison ? N'est-
ce pas aussi, par conséquent, *dans la vie sensible,* qu'il faut chercher l'origine
de la réflexion et le secret de l'aptitude de l'homme à une vie raisonnable ?

Que la sensibilité puisse, par elle-même, tirer l'âme de sa stupeur naturelle et « éveiller en elle la réflexion et l'intelligence », Platon lui-même
l'avait admis pour expliquer le premier pas hors de la caverne. Il avait mis
l'accent à cette fin sur les *contradictions* inhérentes à la vie sensible. La
contradiction étant donnée, est donnée aussi l'exigence de sa suppression ;
et cette exigence nous projette, par elle-même, au-delà de cette vie sensible.
C'est un même événement qui donne à la pensée sa hauteur, et qui l'arrime
au corps et à la terre.

À la question : *comment la raison est-elle venue à l'homme ?*, on doit donc
répondre : de façon déraisonnable. Faut-il ajouter : de façon irréfléchie ? On
ne le pourra qu'au point de vue de la réflexion constituée, dont ces remarques obligent à distinguer la réflexion commençante. Car si la vie philosophique n'est pas la vie naturelle, elle trouve néanmoins son origine en elle.
Elle implique donc *une réflexion d'avant la réflexion* – entendons une réflexion intérieure à la vie naturelle, et dont dépendent à la fois son opposition à soi et son appel à un autre genre de vie. Contemporaine de l'éveil de
la raison dans sa forme impérative, cette réflexion peut être appelée *immanente.* C'est une structure de transition entre l'immédiateté de la vie naturelle et les médiations que cette même vie appelle et dont elle a besoin
pour se comprendre et pour se juger. La colère indignée d'un Léontios chez
Platon, la « réaction d'insupportable » de Mencius, le « désespoir révolté »
dont parle Kant dans la troisième Critique, le « sentiment de l'injustifiable »
selon Nabert – autant de témoignages d'une telle réflexion et de l'accord
qu'elle suppose entre la raison et la sensibilité. Mais cet accord, quelle en
est la source ?

Fichte pourrait constituer ici un relais utile. La réflexion du philosophe
est en effet, selon lui, un fait qui resterait inexplicable, sans la supposition
d'un « choc » dont l'action « limite » et « repousse en elle-même » l'activité
infinie du Moi. Elle implique donc une *passivité* distincte également d'une
moindre activité et d'une détermination extérieure de type causal. Cette
passivité, loin d'annuler la liberté, lui permet de prendre conscience de soi.

Elle est au principe d'une réflexion que l'on peut appeler, ici encore, immanente, et qui constitue la liberté du moi fini. On peut donc parler à son
propos d'une *passivité transcendantale*.

Mais la supposition du « choc » reste, chez Fichte, purement formelle.
Elle ne correspond à aucune expérience effective. Il en va autrement de la
passivité transcendantale du *souffrir*. Nul doute, en effet, que la souffrance
soit ; mais nul doute aussi qu'elle se repousse et s'oppose à soi. Il faut voir,
dans cette répulsion de la souffrance à l'égard de soi, plus qu'une tendance
instinctive : *le seul réflexe qui soit aussi réflexion*. Elle introduit au cœur
même de la vie naturelle la contradiction de l'être et du devoir-être. À
l'impuissance du souffrir, correspond ainsi une égale puissance
d'indignation. *La violence et la raison s'y trouvent données d'un coup selon les
modes opposés de l'indicatif et de l'impératif.*

Cette hypothèse permet d'enraciner la réflexion philosophique sur les
valeurs et sur les normes dans un sol d'expérience d'où cette réflexion tire
sa propre possibilité et sa propre motivation. Elle ne sépare pas, en outre,
l'*exigence du devoir* du *désir de la vie bonne*, et favorise ainsi la composition
des deux directions principales de la vie morale.

Intervention de Monique Castillo : Vers une éthique et une politique relationnalistes

On peut nommer « relationnaliste » une approche de l'éthique et de la
politique inspirée par la philosophie kantienne et réactualisée par l'éthique
de la discussion et l'éthique dialogique. Mon propos est d'envisager des
applications possibles dans le domaine des relations interculturelles.

Sources

1) L'inspiration kantienne

Dans le domaine du droit et de la politique, Kant innove en faisant du
point de vue cosmopolitique sur l'histoire ce qui crée la modernité des
relations internationales. Or le cosmopolitisme kantien est relationnaliste :
il ne cherche pas à abolir les États dans un unique empire, mais à donner
aux États la conscience de leur interdépendance. À l'avenir, prophétise
Kant, l'interdépendance entre les peuples ne cessera d'augmenter, si bien
que les États devront prendre en compte des relations qui forgent désormais l'espace public. La paix s'articule inévitablement à une politique culturelle, la politique d'une nouvelle culture des relations internationales.

2) L'éthique de la discussion

Pour Karl Otto Apel, il faut « participer à la pratique communicationnelle de la reconstruction de la raison pratique » kantienne. La raison pratique n'est rien d'autre qu'une communauté de communication étendue à
tous les êtres pensants. L'action de parler, en effet, présuppose et anticipe
nécessairement une communauté idéale de communication. C'est elle qui
donne un sens (c'est-à-dire une légitimité) aux arguments avancés. Parler
seul, se parler à soi-même, n'a aucun sens.

La philosophie dialogique de Francis Jacques adopte le principe du
primum relationis, de la priorité de la relation sur la discussion elle-même.
L'interlocution est la condition de possibilité la plus originaire de

l'argumentation, de la discussion, de l'interaction. Si l'on remonte jusqu'à la condition de possibilité interlocutive du dialogue, c'est la relation en tant qu'interaction qui se révèle originairement condition du sens. « Les interlocuteurs sont associés dans l'initiative du sens ».

Trois applications : l'éducation, l'éthique, la politique

1) La notion de mobiles

Le paradigme dialogique permet de placer l'action au cœur d'un espace originairement interactif : être mobilisé pour exercer une action, c'est vouloir faire exister et subsister un monde d'interactions. Se cultiver, être un élève ou un disciple, être inspiré par une œuvre etc., sont des actions dont le rayonnement dépasse le subjectivisme, l'utilité sociale et la simple performance personnelle. Il s'agit de faire exister un monde d'interactions multiples où chacun peut être diversement interlocuteur (et traducteur). La transmission culturelle peut être comprise comme ce qui recrée périodiquement le sens des œuvres par fécondation langagière.

2) L'éthique pluraliste

Une certaine éthique pluraliste encourage une version belliciste de la diversité et de l'irréconciabilité des croyances. Elle développe une conception de la tolérance analogue à un divorce par consentement mutuel : être tolérant, c'est accepter qu'autrui ne soit jamais d'accord avec moi. Dans cette version monadique, la tolérance est l'effort que je fais pour accepter les vues d'autrui, c'est une vertu égocentrique, qui me permet de manifester au-dehors l'image la plus éthiquement correcte que je veux donner de moi-même. Mais si on inverse : si on comprend que ce n'est pas ma tolérance qui crée la possibilité d'un échange, mais la possibilité d'un échange qui rend possible ma tolérance, alors la suffisance individualiste s'estompe. C'est parce que j'ai besoin d'échanger, de transmettre, d'être compris et apprécié que je suis tolérant : ce n'est pas parce que je suis tolérant que l'échange ou l'égalité existent.

3) Vers une politique culturelle relationnaliste ?

Une approche relationnaliste engage à renoncer à la vision exclusivement patrimoniale et possessive qu'un peuple peut avoir de sa culture. Elle regarde plutôt celle-ci comme un ensemble de relations, une source d'interactions symboliques, de traductions et d'expressions. Une culture existe en tant que ressource pour l'interprétation, elle s'enrichit des interprétations qu'elle suscite.

En conclusion

Une conception relationnaliste des vertus, de la volonté ou de la notion de citoyen du monde ne supprime pas l'initiative subjective en matière éthique, elle l'associe à l'intersubjectivité qui la féconde transcendantalement. Elle ouvre à l'universalisme éthique la voie d'une influence possible par rayonnement et par interaction.

Rev. Sc. ph. th. 90 (2006) 87-96

TROISIÈME TABLE RONDE

SCIENCES DE LA NATURE, SCIENCES DE L'HOMME ET RÉFLEXION

Présidence Marie-Geneviève PINSART[1], avec Patrice BAILHACHE[2], Hervé BARREAU[3], Joël GAUBERT[4], Lucien GUIRLINGER[5].

INTRODUCTION

par Mme Marie-Geneviève PINSART

Les Congrès philosophiques sont des lieux de rencontre mais sont-ils aussi des lieux de dialogue et d'échange? Si la transmission du savoir emprunte la voie royale des conférences plénières ou les chemins plus ombragés des exposés répartis en sections thématiques, le débat d'idées se réduit souvent à un jeu de question-réponse de quelques minutes ou à des conversations engagées lors des pauses-café. Ce Congrès nantais a pris l'heureuse initiative d'inscrire trois tables rondes à son programme et d'assurer ainsi, et en principe, trois heures de dialogue philosophique entre les participants et entre ceux-ci et le public. Mais dialoguer est une pratique qui comporte des exigences. La première est liée au fil conducteur de l'échange. C'est avec un certain étonnement mêlé d'inquiétude que j'ai pris connaissance du thème choisi par les organisateurs pour la table ronde que j'avais l'honneur de coordonner : « Sciences de la nature, sciences de l'Homme et réflexion ». Chaque terme de l'intitulé aurait mérité à lui seul d'être le pivot d'une table ronde et de multiples questions surgissaient face à la complexité de cet énoncé : Comment se constitue l'objet scientifique? Que recouvre le terme de nature lorsque celle-ci devient un objet scientifique? Qu'en est-il des notions d'unité, de diversité, de spécificité lorsque la

---

1. Professeure de Philosophie à l'Université Libre de Bruxelles, Co-directrice du Centre de Recherches Interdisciplinaires en Bioéthique [ULB]).
2. Professeur de logique et d'histoire des sciences à l'Université de Nantes.
3. Directeur de recherche honoraire au CNRS.
4. Professeur agrégé de philosophie en Classes préparatoires aux Grandes Écoles.
5. Professeur agrégé de philosophie honoraire en Classes préparatoires aux Grandes Écoles.

réflexion s'applique à la connaissance de la nature et de l'Homme ou qu'elle est utilisée pour appréhender les différentes disciplines qui contribuent à la connaissance de ces deux objets d'étude ? Quels sont les apports des nouvelles disciplines scientifiques ou des nouvelles orientations d'anciennes disciplines, dans l'approche réflexive de la nature et de l'Homme ? Et bien d'autres interrogations encore. Un travail préparatoire avec les divers participants à la table ronde s'imposait pour dégager un aspect de la thématique à partir duquel chacun pourrait s'exprimer en fonction de ses recherches personnelles. Il ressortit des suggestions faites par les participants que le statut actuel du déterminisme et du finalisme dans la réflexion et la constitution des sciences de la nature et de l'Homme dessinait un espace commun de dialogue : le déterminisme n'était-il qu'une approche parmi d'autres des sciences de la nature ? Le finalisme se confondait-il avec une appréhension anthropocentrique du monde ? Comment articuler les notions de prévisibilité, de probabilité et de contingence avec les cadres déterministe ou finaliste ? En quoi la mathématisation des objets scientifiques rendait-elle ceux-ci plus compréhensibles ?

La deuxième exigence d'un dialogue fructueux est liée au nombre de participants et au temps de parole accordé à ceux-ci et au public. Et c'est ici que chacun accepta d'adopter la dynamique du débat d'idées, intervenant non pour exposer ce qu'il avait prévu de dire mais pour rebondir de manière constructive sur l'idée développée par son voisin. Le public anima cet échange en prenant parfois résolument le contre-pied des propos qui venaient d'être tenus.

Les textes que vous allez découvrir ne sont pas des retranscriptions du débat mais des propos reconstitués après la tenue du Congrès. Les échanges avec le public sont malheureusement absents de cette publication. Mais il s'agit précisément d'une publication, d'une transmission de savoir et non d'un vivant dialogue réflexif...

Intervention de Patrice Bailhache

D'habitude, face à des philosophes je souhaite parler en scientifique, face à des scientifiques c'est en philosophe que je veux m'exprimer. Aujourd'hui, j'essaierai de faire les deux et je parlerai des sciences que je connais, celles de la nature, la physique essentiellement.

Que nous apporte la physique, pouvons-nous dire qu'elle explique ce que nous vivons, qu'elle nous permet de comprendre le monde ?

Pour commencer, il faut souligner l'importance du rôle des mathématiques et du formalisme dans les sciences de la nature. Au XVIIIe siècle, Galilée a écrit : « La nature est écrite en langage mathématique ». On a pris cette célèbre phrase, à juste titre, comme un mot d'ordre de la nouvelle recherche classique ; il ne faut pas oublier qu'elle représente aussi une sorte de profession de foi qui n'a pas de justification, mais qui donne le « ton épistémologique » de la nouvelle physique. Avec le développement et les succès de la science classique, il fallait trouver mieux que la simple expression d'une conviction programmatique. Il fallait *justifier* l'accord des données naturelles avec des sciences apparemment indépendantes de l'expérience. Le concept de *nature conciliante* chez Kant est venu apporter cette justification de la « miraculeuse » adéquation des mathématiques et de la logique à la physique. (« Si extravagant et si absurde qu'il semble donc de dire que l'entendement est lui-même la source des lois de la nature, et par conséquent de l'unité formelle de la nature, une telle assertion est cependant tout à fait exacte et conforme à l'objet, c'est-à-dire à l'expérience. » Kant, *Critique de la raison pure*, PUF, p. 143).

Mais aujourd'hui la situation est beaucoup moins nette et bien plus « dramatique ». Le succès de la physique actuelle, eu égard à son immense complexité, semble vraiment tenir du miracle (cf. Einstein, « Ce qu'il y a de plus incompréhensible dans l'Univers, c'est qu'il soit compréhensible »). Car la physique de ce début du XXIe siècle ne ressemble plus beaucoup à celle de Galilée, ni même à celle de Newton, de Laplace ou des physiciens du XIXe siècle. La *complexité* des sciences physiques contemporaines me semble souvent méconnue et sous-estimée par les philosophes. Un seul exemple : on s'imagine que la relativité restreinte, mettant en corrélation l'espace et le temps, explique des phénomènes paradoxaux comme le raccourcissement des longueurs, l'allongement des temps, la variation de la masse. C'est juste, mais on ignore que bien d'autres phénomènes trouvent leur explication, comme des réponses à des rébus, de manière inattendue (par exemple le coefficient d'entraînement de l'éther) et que d'autres « se recoupent », comme si le Créateur avait préparé pour nous un jeu effroyablement compliqué (ainsi des multiples justifications de la fonction de la variation de la masse avec la vitesse). Complexité et cohérence dans la complexité : ces caractères sont des garants de l'authenticité des théories physiques. Car tout s'imbrique d'une manière précise et immensément multiple, de sorte que les postulats, les « morceaux de théorie », les résultats se confirment les uns les autres. Bien entendu, il y a des limites à cette cohérence, mais je ne veux pas ici mettre l'accent sur elles, car avant les défauts il vaut toujours mieux souligner et mettre en valeur les qualités.

Avec un tel développement des théories physiques, le simple concept kantien de *nature conciliante* devient évidemment de plus en plus problématique.

On m'a demandé de dire quelques mots sur le déterminisme : mais c'est au contraire d'indéterminisme qu'il faut parler, comme on le sait. Cependant, la question est complexe et difficile. Cet indéterminisme est *quantique*. Il est difficile d'en dire plus en quelques secondes! Hervé Barreau va un peu en parler après moi. Toutes les « solutions » qui prétendent rendre possible la conscience, la volonté et la liberté par l'indéterminisme (*clinamen*, structures dissipatives...) me semblent simplistes. Du reste, elles sont défectueuses à la base, puisqu'elles tendent plus ou moins subrepticement au réductionnisme.

Mais en deçà ou à côté de ce problème philosophique entre tous – comme celui du finalisme – il y en a d'autres, moins « métaphysiques », moins connus, mais pourtant aussi difficiles et très intéressants. Je pense notamment à celui du fondement du second principe de la thermodynamique. La mécanique classique le nie, la physique d'aujourd'hui également. Pourtant, pour comprendre notre monde, notre condition dans le monde, notre condition dans le temps, la solution d'un tel problème serait indispensable.

L'évolution de la physique au cours du XXe siècle semble nous mener à une impasse, je veux dire pour nous en tant qu'êtres conscients, libres et responsables. En effet, nous avons fait d'immenses progrès dans la compréhension du monde, de l'univers même ; ces « deux infinis » dont parlait Pascal ne sont plus des abîmes inconnus, mais des terminus de la connaissance que nous sommes en train d'atteindre (même si de nouveaux horizons d'incertitude nous obligent à de nouvelles conjectures de plus en plus étranges). Mais alors que le monde est de mieux en mieux connu et compris scientifiquement, dans ses détails et probablement dans sa totalité, il est aussi de moins en moins compréhensible – ou plutôt *compréhensif* – humainement. La physique ne laisse aucune place à l'esprit et même à la vie en tant que telle, qui n'est aux yeux de la biologie, qu'une vaste mécanique, sous-domaine spécialisé de la mécanique quantique.

Comment conclure, sinon en reprenant cette devise kantienne pleine de sagesse et d'espoir : « Le ciel étoilé au-dessus de moi, la loi morale en moi. » ? Je ne prétends, certes, apporter aucune « solution ». Je suis prêt à écouter ce qui pourrait être proposé. Voilà un sujet de *table ronde* par excellence !

INTERVENTION DE HERVÉ BARREAU : DÉTERMINISME ET FINALITÉ

L'impossibilité de la conception laplacienne du déterminisme à rendre compte de l'évolution de l'univers dans son ensemble a été mise en lumière, dès la fin du XIXe siècle, par les travaux de Poincaré et de Liapounov. Elle a été confirmée par les théories du chaos qui se sont développées à partir de 1960. Par ailleurs, le développement de la Mécanique Quantique, à partir de 1920, a montré que la nature ne se prête qu'à notre échelle, visuelle ou expérimentale, aux lois de la mécanique, quantique ou classique, et reste en son fonds insondable par les moyens de la physique.

C'est pourquoi le problème de la finalité, qui avait été banni du modèle galiléen et mathématique des sciences de la nature, quand ce dernier était entendu dans un sens réaliste, reprend une signification. Il ne s'agit pas d'une signification scientifique, même si l'étude des buts humains peut être traitée d'une façon mathématique, comme dans les théories du choix rationnel et de la décision. Il s'agit d'une signification philosophique, puisque l'étude mathématique des mécanismes d'une activité finalisée par un but, ne prend pas en considération la légitimité de ce but, mais laisse ce problème à l'éthique. À cet égard la distinction que faisait Pascal entre « l'esprit géométrique » et « l'esprit de finesse » s'impose dans toutes les sciences de l'homme et semble même être le ressort de leur renouvellement perpétuel.

C'est d'ailleurs en raison de l'affinité que l'activité humaine présente avec les causes finales que ces dernières ont été jugées impropres à être exportées au dehors de la sphère spécifiquement humaine. Le mécanisme classique est fondé sur cette interdiction. Mais précisément parce que le mécanisme reste à la surface des choses, il ne peut rendre raison de la finalité qui apparaît dans le comportement de tout être vivant. Un être vivant tend à préserver sa vie et à reproduire l'espèce à laquelle il appartient.

Dans la tradition philosophique, c'est Aristote qui a mis ce dernier point en évidence. Mais il est bien connu aussi que Kant, dans sa *Critique de la faculté de juger*, a reconnu l'importance du *jugement réfléchissant*, qui cherche à unifier les manifestations de la vie et à rapprocher les différents secteurs de la nature par des relations d'analogie ou de finalité, par rapport au *jugement déterminant*, qui traduit l'activité proprement scientifique. Cependant Kant a dénié au jugement réfléchissant la capacité d'accéder à une connaissance objective.

Si l'interdit kantien borne la scientificité aux phénomènes et corrige, de cette façon, le mécanisme dans sa forme dogmatique, il n'en reprend pas moins l'essentiel du point de vue de la connaissance, en ce qu'il refuse la possibilité d'une connaissance métaphysique, qui ne serait pas dérivée de l'impératif moral interprété comme un fait de la raison.

Mais ce nouvel interdit fait peu de cas de l'ambition de la raison, comme n'ont pas manqué de le proclamer les différentes écoles de la pensée post-kantienne. Elles ont réclamé notamment une philosophie de la nature, distincte de la science, bien qu'en relation avec elle. Aujourd'hui cette philosophie de la nature prend appui sur la cosmologie évolutive, qui s'est développée grâce à la nouvelle théorie de la gravitation offerte par la Relativité générale. Cette cosmologie présente un aspect scientifique, puisque la théorie du Big Bang est incessamment remise sur le chantier, mais également un aspect philosophique, puisqu'elle concerne les conditions de toute existence dans l'Univers, y compris de celle de la vie organique et de la vie humaine. Il n'est pas difficile de remarquer que l'existence de la vie réclame des conditions physiques et cosmologiques très précises. C'est ce qu'on a appelé, d'un mot un peu ambigu, *le principe anthropique*. Il est indéniable, en particulier, que la vie, telle que nous la connaissons, réclame l'existence du carbone, et, par conséquent, des conditions qui empêchent, au cœur des étoiles, le carbone de se convertir totalement en oxygène. Sachant cela, on a pu découvrir, par un raisonnement *a posteriori*, quelles sont ces conditions. De cette façon, on fait usage du principe anthropique dans sa « forme faible », dont on peut remarquer qu'il correspond à l'usage « régulateur » que Kant reconnaissait aux idées de la raison. Mais d'autres auteurs, qu'ils soient scientifiques ou philosophes d'ailleurs, car tout spécialiste a le droit de philosopher sur sa discipline, prennent également le principe anthropique dans sa « forme forte », qui implique que les mécanismes découverts, ainsi que les constantes physiques qui permettent leur existence, devaient servir de moyens pour la fin de produire la vie sur Terre, et, au terme de l'évolution des espèces, l'homme lui-même. Ces auteurs ne font rien d'autre que retrouver la « finalité externe », dont Kant avait émis le concept, au-delà des vues d'Aristote. À partir de la distinction kantienne entre « finalité interne » (qui concerne l'organisme vivant en tant qu'il est vivant) et la « finalité externe » (qui admet que certaines espèces peuvent être mises au service d'une espèce supérieure qui forme l'idée de « fins ultimes »), on peut répertorier différentes formes de finalité, dont il appartient à la métaphysique de préciser, si c'est possible, la nature et de déterminer la portée. Whitehead avait tenté quelque chose de cette sorte dans sa cosmologie métaphysique. Il devrait être possible de poursuivre cette tâche en restant davantage en liaison avec la cosmologie scientifique, qui s'est beaucoup développée à partir de la deuxième moitié du XXᵉ siècle.

INTERVENTION DE JOËL GAUBERT

I. La première fondation des sciences de l'homme est tributaire du logos analytique constitué par la science mathématique de la nature en rupture avec le logos métaphysique : le principe de raison est alors réduit à la causalité matérielle et efficiente sur le mode de l'explication d'un objet conçu comme une « res extensa » expurgée de toute finalité, norme, valeur ou sens, l'Être étant alors lui-même réduit à l'être factuel empirique, selon le principe de l'entendement. En référence à ce modèle analytique, les sciences de l'homme se constituent progressivement comme une physique sociale, la sociologie devenant la science emblématique dont l'objet (les « faits sociaux ») doit être considéré comme une chose « objectivable » (idéalisable, mathématisable, explicable), selon une distanciation méthodique pratiquée en rupture avec un monde vécu désormais conçu comme obstacle épistémologique. En guise d'illustration, on peut se référer ici aux sciences sociales et politiques mais aussi psychologiques (anglaises et françaises notamment), de Machiavel et Hobbes à Durkheim et Levi-Strauss pour les premières, de Locke et Hume à Watson et Skinner pour les secondes. Ces sciences disqualifient la réflexion ordinaire, fascinée par les idoles sensibles, mais aussi la réflexion savante, les idées philosophiques étant jugées relever d'une spéculation vaine et illusoire, pour faire de l'homme l'objet d'une onto-anthropologie mécaniste ou naturaliste à prétention globalisante (mais de plus en plus éclatée du fait de la spécialisation dispersive).

Mais peut-on réduire ainsi l'Être en général, et l'être-homme en particulier, selon le seul matérialisme mécaniste et atomistique ? Peut-on réduire la connaissance, notamment dans les sciences de l'homme, à la seule analyse physicaliste mathématique qui invalide toute connaissance subjective sentimentale et réflexive (comme spéculative) ? Enfin, dans le domaine pratique, ce modèle analytique n'est-il pas motivé par un intérêt technique pour la puissance qui en prétendant à une maîtrise potentiellement totale de la nature comme de la culture en vient à produire quelques effets pervers ?

II. C'est pourquoi la deuxième fondation des sciences de l'homme s'opère en référence à un logos de type herméneutique (issu du romantisme) pour qui le tout de l'Être est structuré comme un langage dont la vérité apparaît sur le mode d'un dévoilement sentimental, esthétique, de l'être du sens, ou du sens de l'Être déjà-là, à un homme qui est toujours déjà et demeure pris dans la vie universelle. Ce modèle de la participation vitale s'oppose ainsi de front à celui de la distanciation méthodique, réputé illusoire et aliénant. Cela entraîne tout particulièrement un changement des statuts ontologique, épistémologique et éthique des sciences empiriques de la culture, qui vont se constituer essentiellement comme « sciences de l'esprit », selon un modèle historico-herméneutique en rupture avec le modèle empirico-analytique. L'objet considéré est alors non plus conçu comme chose mais pensé comme manifestation symbolique de la vie de l'esprit, dont l'expression de sens doit être saisie par une impression subjective, une compréhension qui restaure les droits du monde vécu aussi bien par l'objet étudié (qui est un autre sujet en fait) que par le sujet étudiant. Cette connaissance n'est elle-même considérée que comme le moment épistémologique d'une interaction beaucoup plus générale, vécue médiatement par le biais de symboles d'essence surtout langagière (dont « le dialogue que nous sommes », selon les termes de Gadamer dans *Vérité et méthode*, constitue comme l'idéal-type). Ce qui dans la logique analytique était conçu comme obstacle à la connaissance est ici pensé comme condition de possibilité même de cette connaissance, selon la structure fondamentale du « cercle herméneutique ». On peut se référer ici, en guise d'illustration, à l'école historique allemande, à l'histoire et la sociologie compréhensives, de Herder jusqu'à Dilthey, puis Gadamer et Habermas (pour ce qui est de l'esprit objectif), ainsi qu'à la linguistique du discours et à la psychanalyse, de Humboldt jusqu'à Freud, puis Habermas, Apel et Ricoeur (en ce qui concerne l'esprit subjectif). Ces sciences ravissent, à leur tour, l'homme (et le monde) à la spéculation métaphysique et à la réflexion rationnelles, le principe de raison étant réputé faire obstacle à la vie, pour en faire l'objet d'une onto-anthropologie finaliste culturaliste générale (du moins en droit, alors qu'elle aussi se montre de plus en plus éclatée de fait).

Mais peut-on penser à nouveau l'Être et l'être de l'homme selon le modèle d'un spiritualisme finaliste holistique sans revenir aux représentations purement et simplement mythico-religieuses de l'univers? Peut-on, ensuite, réduire la connaissance à la compréhension sentimentale ou même à l'interprétation plus ou moins rationnelle d'un sens déjà-là pour l'essentiel? Comment fonder l'objectivité indissociable de tout projet de connaissance si l'expérience d'appartenance historique est telle qu'elle rend impossible ou invalide toute distanciation méthodique quelque peu critique, et donc réduit les normes universelles et nécessaires de la vérité et du bien à de simples faits ou même valeurs historiques particuliers et contingents? Sur le plan pratique, enfin, l'histoire ne nous apprend-t-elle pas que la proclamation de la primauté du sens sentimental de la vie sur son sens rationnel redouble l'intégration des hommes dans leur monde vécu, les rendant ainsi plus ou moins serfs de traditions ontologisées, substantialisées, et donc sourds et aveugles à tout appel à l'émancipation, et par là potentiellement ennemis, le logos herméneutique étant essentiellement motivé par un intérêt pragmatique pour un sens communément partagé exigeant sa reconnaissance par les autres?

III. Pour tâcher de dépasser les limites voire de remédier aux pathologies respectives et conjointes de ces deux modes de fondation ne faut-il pas rappeler les sciences de l'homme (mais aussi de la nature) à « l'expérience de la réflexion et de l'autoréflexion » (comme Habermas le fait, en référence à Husserl notamment), en réhabilitant le point de vue du cogito puisque l'homme n'est pas seulement un être fini précompris dans une nature et une culture dont il subirait totalement et passivement le déterminisme et/ou le finalisme, mais aussi et surtout un être doué d'une subjectivité aspirant consciemment et volontairement à l'infinitude et dont l'exercice personnel et interpersonnel est susceptible de lui permettre de s'écarter voire de s'arracher de ses attachements en les thématisant, problématisant, examinant et jugeant, notamment par la réappropriation réfléchie des résultats des sciences positives, pour mieux se connaître et s'accomplir lui-même comme sujet éclairé et émancipé en une référence régulatrice (utopique, contrefactuelle) aux Idées normatives du vrai et du bien (l'objectivité scientifique étant elle-même constituée par une subjectivité et une intersubjectivité visant à « l'élaboration d'une subjectivité de haut rang ou de réflexion », cf. P. Ricœur, *Histoire et vérité*)?

Ne convient-il pas alors d'œuvrer, tout particulièrement, à une refondation idéo-critique des sciences de l'homme qui accorde toute sa place à la réflexion non seulement dans une nouvelle synthèse épistémologique (qui résoudrait l'antinomie formée par l'explication et la compréhension) mais aussi une nouvelle synthèse pratique (qui résoudrait l'antinomie formée par la production et la participation), ce qui suppose aussi sans doute une nouvelle cosmologie qui réarticulerait la matière, la vie et l'esprit, en tâchant de résoudre l'antinomie du déterminisme et du finalisme et d'échapper aussi bien au monisme qu'au dualisme? Cela semble bien nécessiter, enfin, l'inscription des sciences empiriques de l'homme (comme de la nature) dans une onto-anthropologie anthroponomique, proprement philosophique car réflexive, qui tâcherait de faire la synthèse, différenciée et hiérarchisée, de toutes les manières d'être, de connaître et d'agir dont l'homme est capable mais aussi auxquelles il est obligé pour continuer de s'inscrire dans le double projet de la sagesse personnelle et de la justice collective en référence à un intérêt théoréthique pour la réflexion et l'action émancipatrices et donc pacificatrices. Si « la sagesse sans la science n'est que misologie » (Kant), « la science sans conscience (ou réflexion) n'est que ruine de l'âme » (Rabelais), qui fait le lit de la barbarie (Husserl).

Intervention de Lucien Guirlinger

Avant de me situer dans le débat concernant l'alternative « Déterminisme ou Finalisme », il me paraît intéressant de souligner l'ambiguïté des rapports entre les sciences et la réflexion.

Si l'on part de la définition qu'en proposait Leibniz : « La réflexion n'est pas autre chose qu'une attention à ce qui est en nous » (*Nouveaux Essais*, Préface, § 4), on est tenté d'observer que, *a contrario*, la recherche scientifique semble plutôt une attention à ce qui est hors de nous! Si les mots d'ordre de la réflexion sont le « Connais-toi toi-même » socratique le « Inte redi » augustinien ou le « Cogito sum » cartésien, le retour réflexif du sujet pensant sur lui-même ne nous invite t-il pas à nous détourner, au moins provisoirement, du monde extérieur, pour nous intéresser à notre vie intérieure? Pourtant il n'est pas de sciences sans réflexion.

D'abord parce que pour revenir sur elle-même la pensée doit commencer par sortir d'elle-même, s'élancer vers les phénomènes extérieurs pour rebondir depuis ces apparences vers sa propre permanence. Ensuite parce que connaître, scientifiquement parlant, c'est intérioriser : l'objectivité scientifique n'est-elle pas construction mentale des objets de connaissance et vérification de leur adéquation au réel? Enfin parce que l'épistémologie, retour analytique et critique de la science sur elle-même est une discipline dont les savants ont besoin et qu'ils ne se privent pas de pratiquer eux-mêmes.

L'affrontement entre Déterminisme (ou Mécanisme) et Finalisme illustre cette solidarité essentielle entre sciences et réflexion.

Dans *L'Évolution Créatrice*, Bergson renvoyait dos-à-dos mécanistes et finalistes. Les mécanistes se donnant tout au départ dans les causes premières, et les finalistes se donnant tout à l'arrivée dans les causes finales, leurs théories antagonistes ont en commun leur incapacité à rendre compte du caractère imprévisiblement créateur de l'évolution, du devenir. Le fait est que les recherches et les découvertes actuelles, mettent en lumière les caractères non pas linéaire et continu mais buissonnant et sporadique de l'évolution des espèces vivantes, avec des impasses et des progrès. Semblablement, l'astrophysique et la cosmologie contemporaines reconnaissent des potentialités, des énergies antagonistes dans la formation de l'univers, depuis des éléments qu'on n'ose plus dire simples jusqu'à la naissance de galaxies, d'étoiles, de planètes qui explosent, s'abîment dans des « trous noirs », une matière en continuelle expansion, mais menacée d'annihilation par une « anti-matière ». Comment cette créativité et cette destructivité cosmiques tiendraient-elles dans les cadres rigides des hypothèses mécanistes ou finalistes? Si ces visions du monde sont impuissantes à rendre compte du désordre, du Chaos et de l'ordre, de l'harmonie du devenir-monde, ne serait-ce pas parce que l'une et l'autre dénient toute réalité objective, ou en tout cas toute efficience décisive, au hasard et à la contingence dans la genèse et le développement de l'univers?

Le déterminisme global, tel que l'entendait Laplace, écartait résolument tout recours explicatif à la contingence, réduite à l'ignorance des causes. Quant à la finalité, n'est-elle pas un « anti-hasard »? Or, si aujourd'hui, après la crise du déterminisme en physique quantique, le déterminisme global n'a plus guère de défenseurs, en revanche le finalisme puise une nouvelle vigueur dans les « Principes Anthropiques » proposés par certains cosmologistes. Le Principe Anthropique fort ne soutient-il pas en effet que si l'univers est tel qu'il apparaît à nos observations c'est parce que s'il avait été différent nous ne serions pas là pour l'observer! Ce qui revient à soutenir que, dès l'origine, tout se passe comme si le devenir de l'univers avait conspiré à l'apparition de l'être humain.

Mais des biologistes et des physiciens contestent ce néo-finalisme. Jacques Monod proteste que, par exemple, l'émergence de la vie sur terre supposait réunies des conditions tellement complexes que même un observateur disposant de toutes les données aurait conclu de la très faible probabilité théorique de l'événement à son impossibilité pratique. Et François Jacob n'hésite pas à traiter de « bricolage » le processus évolutif qui aurait improvisé en utilisant des protéines déjà existantes, détournées de leur fonction originelle, pour créer du nouveau. Le cosmologiste Stephen Hawking rejette le Principe Anthropique fort, car si l'on peut soutenir que dans notre galaxie l'organisation du système solaire était nécessaire à notre émergence, pourquoi en aurait-il été de même dans les milliards de galaxies de l'univers, qui n'auraient été ce qu'elles sont que pour notre apparition? Bien plutôt « la flèche du temps » emporte t-elle l'univers vers un avenir irréversible incertain où le futur n'est pas donné dans le passé, ni inscrit dans un avenir programmé. Ilya Prigogine observe qu'à tous les niveaux du système thermo-dynamique qu'est l'univers, nous rencontrons des instabilités et des bifurcations qui ne permettent de prévoir que des probabilités.

Cette « fin des certitudes » nous oblige à déceler dans nos théories scientifiques des composantes étrangères à la science, idéologiques. Les chercheurs ne sont pas seulement tributaires des savoirs et savoir-faire mais aussi des préjugés et des préoccupations éthiques, métaphysiques, politiques de leur temps, comme l'a montré Georges Canguilhem à propos de l'adoption ou du refus de la théorie cellulaire en biologie. Ce qui n'auto-rise pas pour autant à assimiler la science à la mythologie. C'est au con-traire parce que les constructions scientifiques ont valeur de vérités certes révisables, relatives mais en cela même objectives, qu'elles ont un impact considérable sur nos convictions et nos engagements. Si « la philosophie ne saurait être sérieuse quand elle est divorcée d'avec la science » (B. Russel), la problématique de la liberté, par exemple, ne peut rester indifférente aux conclusions scientifiques concernant l'émergence du phénomène humain ? Sans nous commander une réponse, le retour réflexif des sciences sur elles-mêmes ne nous met-il pas en demeure, à chaque tournant décisif de nos savoirs d'inventer une nouvelle sagesse ? En dissipant le grand rêve carté-sien de l'homme « comme maître et possesseur de la nature », quel espace de liberté nous laissent nos sciences, entrées elles-mêmes dans les turbu-lences du temps des incertitudes ?